Helga Brocke-Peiner

Polstern und Aufmöbeln leicht gemacht

Dieser Band erscheint in der Reihe
Fachwissen für Heimwerker

Weitere Bände befinden sich in Vorbereitung

Helga Brocke-Peiner

Polstern und Aufmöbeln leicht gemacht

Verlagsgesellschaft Rudolf Müller · Köln-Braunsfeld

ISBN 3–481–22491–5

© Verlagsgesellschaft Rudolf Müller GmbH,
Köln-Braunsfeld 1977
Verlagsredaktion: Ingeborg Roggenbuck
Umschlaggestaltung: Hanswalter Herrbold, Opladen
Druck: A. Hellendoorn, Bad Bentheim
Printed in Germany

Vorwort

Lieber Leser!

Hängen Sie auch mit einem Zipfelchen Nostalgie an Großmutters Buffet oder Mutters altem Sofa? Vielleicht haben Sie schon oft ein Möbel in der Hand gehabt und sich überlegt, ob Sie sich von dem geliebten Stück trennen sollen oder nicht? Oder ob sich eine Reparatur nicht doch lohnen würde.

Aus Unwissenheit und Unsicherheit wandern viele gute alte Möbelstücke auf den Sperrmüll oder werden an Personen verschenkt, die dazu keinerlei Beziehung haben. Meistens fällt das gute Stück der Säge zum Opfer und ist für immer verloren.

Ob Sie nun solch ein individuelles Möbelstück, das bei vielen versteckt auf dem Speicher oder verschmutzt im Keller steht, wieder salonfähig aufputzen können, hängt von Ihrem handwerklichen Geschick ab. Ich möchte Ihnen mit meinem Buch Mut machen und Anleitungen geben, wie Sie die große Kunst des Restaurierens mit kleinen Mitteln in Ihren eigenen vier Wänden am besten verwirklichen können.

Haan, im Januar 1977

Helga Brocke-Peiner

Inhalt

Haben Sie alle im Kasten?

Polstermöbel-Aufbau – Materialien für Marke
»Eigenbau« – Make-up für alte Polstermöbel –
Arbeitsablauf der Renovierung – Auf den
»Goldenen Schnitt« kommt es an! – Würfel,
eine geglückte Polsterergänzung – Eine Bank
zum Sitzenbleiben – Schaumstoffmöbel maß-
geschneidert! – Vier Stunden Arbeit = viele
Stunden Gemütlichkeit – Der gespannte
Sessel zum Ausruhen – Nun geht's an den
Zusammenbau

Flecken leichter sowie unbekannter Art –
Beizflecken – Lackflecken – Ölfarbflecken –
Leim- und Klebemittelflecken – Rostflecken –
Blutflecken – Schuhcremeflecken – Fett-
flecken – Wasserflecken

Werkzeug zum Reparieren – zum Aufarbeiten – zum Polstern

Haben Sie alle im Kasten?

Schauen Sie am besten gleich in Ihrem Werkzeugkasten nach, ob für Ihr Hobby das nachstehend gezeigte Werkzeug bereits vorhanden ist oder ob Sie das eine oder andere Gerät dazu noch anzuschaffen haben!

Vielleicht leiht Ihnen ein ein befreundeter Handwerker auch nur gelegentlich Benötigtes, wie zum Beispiel den Gurtspanner und die Heftpistole, aus?

Oft läßt sich auch Werkzeug durch »Werkzeug« aus der Küchenschublade ersetzen: Anstelle des Nagel-

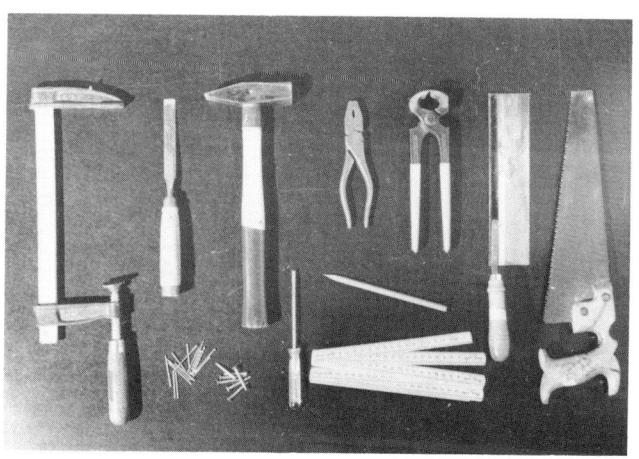

1 Werkzeug zum Reparieren: Schraubzwinge (mehrere Größen), Stechbeitel (mehrere Breiten), Hammer, Nägel und Schrauben (nach Bedarf), Schraubendreher, Kombinationszange, Kneifzange, Bleistift, Zollstock, Feinsäge, Fuchsschwanz. Außerdem benötigen Sie eventuell: Winkelhaken, Holzhammer, Hobel, Senkstift für Nägel, Unterlegklötzchen, Kordel. Angaben für spezielle Hilfsmittel finden Sie in den einzelnen Arbeitsanleitungen.

9

2 Werkzeug zum Aufarbeiten: Heizkörperpinsel, Rundpinsel (diverse Ausführungen), Flachpinsel (diverse Ausführungen), Schaumstoffroller, Kreppband zum Abkleben, Japan-Spachtel (in verschiedene Breiten), Malerspachtel, Schere, Stahlwolle (in etlichen Feinheitsgraden), Drahtbürste, Universalmesser, Schwamm (nach Bedarf), Korkschleifklotz, Schleifpapier (in diversen Körnungen), Handfeger, Schutzhandschuhe. Zusätzlich brauchen Sie alte Dosen, Glas- und Porzellangefäße, eventuell einen Augenschutz in Form einer Sonnenbrille, Lappen, Schutzplanen, alte Stricknadeln, Wurzel- und alte Zahnbürsten.

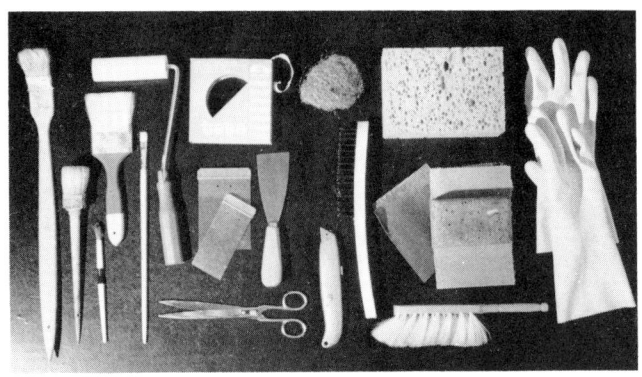

hebers können Sie notfalls mit der abgerundeten Klinge eines Dessertmessers die alten Heftklammern aus Holzgestellen entfernen.

Die Anschaffung eines neuen Werkzeugs sollte auf jeden Fall lohnend sein. Und noch eine Regel: Gut gepflegtes Werkzeug ist die beste Basis für das Gelingen Ihrer Arbeit!

3 Werkzeug zum Polstern: Metallschiene, Garn mit Polsternadel (nach Möglichkeit in verschiedenen Stärken und Größen), große Stecknadeln, Kammzwecken, Bleistift, Zollstock, Gurtspanner, Tacker, auch Heftpistole genannt, Schneidemesser mit glatter Klinge, Nagelheber, Schneiderschere, Polsterhammer, Gummihammer. Nützlich sind zusätzlich: Holzhammer, Wachs, Nägel, Schrauben, Nagelschrauben sowie das übliche Werkzeug zum Reparieren.

Polstern leicht gemacht

Polstermöbel-Aufbau

Alle herkömmlichen und älteren Polstermöbel setzen sich wie folgt zusammen:

1 **Holzgestell.** Für den Bau von Polstermöbelgestellen werden und wurden hauptsächlich Harthölzer wie Rotbuche verarbeitet. Der Bezugsstoff verdeckt größtenteils das hölzerne Gestell. Die fachmännisch zusammengefügten Holzverbindungen sind gedübelt, gezinkt und gezapft.

2 **Gurte.** Es sind Gummi- und Textilgurte im Handel. Vereinzelt wurden auch Metallgurte verwendet. Ältere Polstermöbel sind meistens mit den Textilgurten ausgestattet. Sie dienen als straffer elastischer Untergrund für die Federn. Auch der Heimwerker kann Textilgurte verwenden (siehe Seite 41).

3 **Federn.** Der Polsterer arbeitet mit Sprung-, Flach- und Zugfedern. Außerdem bietet die Industrie fertige Federkerne an. Sie sorgen in der Polsterei für erhebliche Arbeitszeiteinsparung. Denn die herkömmlichen Federn werden geschnürt, und das will schließlich gelernt sein.

4 Polsterfüllstoffe. Die oberste Schicht eines Polstermöbels besteht aus Polsterfüllstoffen, darüber wird der Bezug gespannt. Ältere Modelle sind meist mit Füllstoffen tierischer und pflanzlicher Herkunft versehen. Heute verwenden der Polsterer und der Heimwerker meistens synthetische Materialien (siehe Seite 13).

5 Posamenten. Nähte, Nagel- und Heftreihen sowie offene Gewebekanten werden nach dem Beziehen mit Möbelschnur, Borten oder Quasten verdeckt. Oft sind sie auch als Schmuckelement, das die Form des Polstermöbels stilvoll unterstreicht, zu betrachten.

Diese Art der Polstermöbel-Herstellung ist im ganzen einem Hobby-Polsterer unmöglich. Er sollte sich mit dem Reparieren des Gestells, dem Auswechseln der Gurte und Polsterfüllstoffe sowie mit dem Neubezug eines betagten Sessels befassen.

Dagegen können Sie sich als »Polster-Lehrling« ohne weiteres an den Polstermöbelbau anhand unserer gezeigten Beispiele von Grund auf betätigen:

1a) Sie lassen sich einen Schaumstoffkern, eventuell sogar nach eigenem Entwurf, zuschneiden oder schicken.

1b) Dieses Fertigteil wird nach unserem Muster bezogen.

2a) Kaufen Sie sich ein Polstermöbelgestell aus Holz.

2b) Gurten, Polstern und Beziehen zeigen wir Ihnen.

Materialien für Marke »Eigenbau«

Der Fachhändler führt alle Arten von Polstermaterialien, die allerdings nicht alle in kleinen Mengen an den Heimwerker verkauft werden. Oft muß er sich regelrecht bemühen, um per Telefon und Branchenverzeichnis die »richtige« Adresse zu finden, wenn er sich nicht auf den Zufall verlassen will. Manche Dekorationsbedarfsartikelgeschäfte führen das »füllige« Polyester-Fiberfill (Dacron) und den Abdeckvlies aus Polyesterfiber (Diolen). Spezielle »Gummi-Firmen« schneiden Ihnen Schaumstoff nach Maß, Heimwerkerbedarfsartikelgeschäfte führen die gebräuchlichen Kleber, und ein Polsterer ist wohl bereit, Ihnen das Gurtband per Meter zu verkaufen.

Vielleicht haben Sie sogar Glück und finden hier und da die gewünschten Materialien in Kaufhäusern, oder ein Fachgeschäft ist bereit, sie Ihnen komplett zu besorgen.

Folgende Polstermaterialien können Sie selber verarbeiten, und deshalb sollten Sie über sie Bescheid wissen:

Schaumstoffe sind in Platten und Blocken im Handel erhältlich. Die Stärke kann 3 mm bis 500 mm sein. Das gebräuchlichste größte Maß mißt 130 cm × 200 cm. Schaumstoffe unterscheiden sich durch ihr Raumgewicht. Je geringer das Raumgewicht, desto leichter ist der Schaumstoff. Es gibt diesen Polyätherschaum mit hohem und niedrigem Raumgewicht. Das Gewicht wird in pro Kubikmeter in Kilogramm gemessen. Allerdings ist das Gewicht nicht entscheidend. Es gibt weiche Schaumstoffe mit hohem Raumgewicht und feste Schaumstoffe mit niedrigem Raumgewicht. Schaumstoff-Sitzelemente sollten ein Raumgewicht von 30 bis 35 haben, sehr flache Sitzkissen, welche auch stark strapaziert werden, sollten aus Schaumstoff bis zu 53 Raumgewicht gearbeitet werden. Für weiche Rundungen reichen 25 Raumgewicht aus.

Der Fachhändler schneidet den Schaumstoff mit einer Spezialsäge. Sie können ihn entlang einer Metallschiene mit einem scharfen glattklingigen Messer trennen.

Schaumstoff ist formbeständig, durch und durch porös, staubfrei, bakterien- und insektenfeindlich sowie lichtbeständig. In der letzten Eigenschaft unterscheidet er sich wesentlich vom immer weniger verwendeten Schaumgummi, welcher aus Latex (Gummimilch mit Geliermittel zu Schaum geschlagen und vulkanisiert) gewonnen wird.

Latex-Erzeugnisse sind außerdem teurer als Schaumstoff.

Polyester-Fiberfill (Dacron) gibt es am laufenden Meter. Die Rollenbreite mißt in der Regel 70 cm. Dieses füllige Material »ersetzt« in idealer Form die frühere Daunenfüllung. Während Sie die Daune immer aufschütteln müssen, richtet sich Fiberfill von selber auf! Das ein- oder doppelseitig mit Gaze beschichtete weiche Material läßt sich in mehreren Lagen um einen Schaumstoffkern wickeln. Die Stärke, welche sich durch die Elastizität sehr schlecht messen läßt, beträgt etwa 3 bis 5 cm. Die Kanten werden in der Regel mit großen Stichen Gaze an Gaze genäht.

Polyester-Abdeckvlies (Diolen) ersetzt heute die frühere, aus Lumpen gewonnene Vlieswatte. Die Rollen sind 70 cm und 150 cm breit. Das nur 10 bis 15 mm dünne, weichelastische Material ist die beste

Ummantelung für ein Fasson-Polster. Das Vlies kann mit dem Spezialkleber auf den Schaumstoff geklebt oder lose aufgelegt werden.

Gurte (für den geschickten Do-it-yourself-Polsterer) aus textilem Gewebe nur im Fachhandel erhältlich, gibt es auch aus mehr oder weniger elastischem Gummi. Die fest gewebten, mit andersfarbigen Längsstreifen belebten und 6 bis 7 cm breiten Textilgurte dienen als elastischer Untergrund für Sitz- und Rückenkissen. Gurte aus Synthesefäden sind meistens schmaler. Reine Jutegurte werden mit der Zeit mürbe und müssen erneuert werden.

Der Fachmann spannt sie als Untergrund für die Federung gebauter Polster mit Sprungfedern, Federkernen oder festen, lose aufgelegten Sitzkissen aus Schaumstoff. Diese Gurte können Sie mit einigem Geschick ersetzen, das Auswechseln der Spiralfedern, welche »geschnürt« sind, sollten Sie dem Fachmann überlassen! Gurte werden mit Kammzwecken angenagelt.

Bourlet besteht aus zwei Zellstoffrollen, die doppelt mit Zellwoll- und Jutefäden im Diagonalverlauf umsponnen sind. Die Schnur ist meterweise in diversen Stärken im Fachhandel erhältlich. Sie dient als Kantenpolster und wird zwischen den beiden Strängen mit Kammzwecken auf das Holzgestell genagelt. Das Verarbeiten des »Bourlets« ist schon mehr oder weniger eine Profisache. Als Laie sollten Sie sich nur daranbegeben, wenn Sie die Schnur ersetzen müssen oder bereits einige Polstererfahrung besitzen. Beachten Sie beim Auswechseln genau die alte bestandene Verarbeitung!

Nessel in diversen Breiten per Meter auch im Kaufhaus erhältlich, sollten Sie auf jeden Schaumstoff kleben oder ihn damit ummanteln, wenn Sie ihn weder mit Vlies noch mit Fill abdecken. Das dünnfädige Baumwollgewebe verhindert das Verrutschen und die Faltenbildung des Bezugsstoffes auf »nacktem« Schaumstoff.

Make-up für alte Polstermöbel

Manch billig erstandener »Flohmarkt«-Sessel oder Großmutters Erbstück kann teuer zu stehen kommen, wenn die Polsterung nicht vor dem Neubezug auf Herz und Nieren geprüft wird. Ein neuer Bezug lohnt sich nur, wenn die alte Federung noch völlig in Ordnung ist. Die Federkerne dürfen beim Draufsetzen keine klingenden oder rauschenden Geräusche abgeben.

Oft ist es besser, den Fachmann um Rat zu fragen und ihm gegebenenfalls das Instandsetzen der Zug-, Sprung- oder Flachfedern zu überlassen, bevor Sie über das wertlose Innenleben einen wertvollen Bezugsstoff ziehen.

Zerrissene Gurte können Sie selber erneuern. Wir zeigen Ihnen das Gurten!

4 Vorher – Überbreites Sofa mit Stengelfransen.

16

Das Schnittmuster für den Neubezug erhalten Sie durch vorsichtiges Abtrennen des alten Bezuges. Er wird Stück für Stück in den Nähten aufgetrennt und dient als Schablone für den späteren Neuzuschnitt.

Markieren Sie an dem Sessel oder Sofa alle Heftungen, Klebestellen und sonstigen Befestigungen. Apropos Stoff. Es ist schon ein kleines Kunststück für den Hobby-Polsterer, wenn er einen alten Ledersessel erneut mit Leder beziehen will. Er kann ohne weiteres jedoch einem alten Lederpolstermöbel mit einem Stoffbezug ein völlig neues Aussehen geben.

Alte verschlissene Polsterwatte sollten Sie vor dem Neubezug durch den synthetischen Abdeckvlies ersetzen.

Beim Stoffzuschnitt müssen Sie unbedingt auf den Fadenlauf und die Schur achten! Es kann nicht jeder Stoff »gestürzt« werden! Stoffe mit stark einseitiger Schur, besonders Veloursstoffe, wirken bei einer Querverarbeitung, wie sie besonders bei alten, überbreiten Sofas notwendig wird, im Gegensatz

5 Nachher – Rückenlehnbezug geteilt. Naht durch Zierkordel verdeckt. Anstatt Stengelfransen eine glatte Zuspannung mit Kellerfalten.

17

zu den in Längsrichtung = Schurrichtung laufenden Teilen bei Lichteinfall andersfarbig.

Die Schurrichtung läßt sich ganz einfach feststellen: Legen Sie den Stoff auf eine glatte Fläche und streichen Sie mit der flachen Hand über ihn. Wenn Sie beim Überstreichen keinen Widerstand fühlen, gehen Sie mit der Schur. Entgegengesetzt werden Sie fühlen, daß die Schur sich »sträubt«.

Falls sich Ihr Stoff nicht zum »Stürzen« eignet, Sie aber solch ein überbreites Sofa beziehen wollen, können Sie ihn für den Sofarücken in der Mitte zusammennähen und die Naht mit einer Zierkordel nach dem Beziehen abdecken.

Und noch eine Regel: Bei einem Stoff mit Schurrichtung müssen Sie darauf achten, daß diese bei runden Armlehnen immer senkrecht zum Sitz hin läuft. Die Armlehnenaußen- und -innenseiten, die Rückenlehnenaußen- und -innenseiten sowie die Vorderseite des Sitzbodens haben ebenso einen senkrechten Schurlauf.

Bei Kissenplatten und der Auflagefläche von geraden Armlehnen läuft die Schur von der Rückenlehne in Richtung Sessel- oder Armlehnenvorderkante.

Zum Zuschnitt des neuen Bezuges wird der Bezugsstoff auf dem Tisch ausgebreitet, die aufgetrennten Teile des alten Bezuges aufgelegt, mit Kreide umrissen und mit einer scharfen Schneiderschere ausgeschnitten. Anschließend werden sie geheftet und genau wie beim alten Bezug zusammengenäht.

Der neue Bezug wird so aufgezogen, daß er keine Falten wirft, dabei helfen lange dicke Stecknadeln und ein gutes Fingerspitzengefühl. Zum Schluß wird der Stoff straff auf das Holzgestell gespannt und mit der Heftpistole angetackert.

6 Vorher – Ohrenbackensessel mit unruhigem Blümchen-Dessin und Stengelfransen.

18

Der feste Stoff darf auch mit den Kammzwecken, kleine, blaue Nägel mit großen Köpfen, angenagelt werden.

Sichtbare Heft- oder Nagelleisten werden durch Aufkleben von Stoffborten oder Stoffstreifen abgedeckt. Bei groben, rustikalen Geweben dürfen Lederstreifen verarbeitet werden.

Oft sind die sichtbaren Nähte bei den alten Polstermöbeln durch maschinell eingenähte Keder (Stoffstreifen mit eingelegter Kordel) verstärkt. Falls der Keder nicht zusätzlich die Form des Möbels betonen soll, können Sie auf ihn beim Neubezug verzichten.

Anstelle des eingenähten Keders lassen sich Schnurborten auf die fertige Nähmaschinen-Naht mit Hilfe der runden Polsternadel und festem Garn nähen.

Ein Tip: Wachsen Sie den Faden mit Bienen- oder Kerzenwachs gut ein; er wird dann besser durch den Stoff rutschen. Alte Stengelfransen können je nach Möbelstil durch eine glatte Zuspannung – die Ecken bekommen eine eingearbeitete Kellerfalte – ersetzt und modernisiert werden.

Sollten Sie in Nostalgie schwelgen, bitte, der Handel führt Fransen in vielen Farben und Ausführungen.

Vielleicht entdecken Sie, daß Ihr Polstermöbel auf besonders hübschen Füßen steht? Lassen Sie sie sehen! Nach unseren Aufarbeitungsvorschlägen können Sie Holzfüße vollkommen frisch auf die Beine bringen. Alte, wackelige müssen angeschraubt oder mit Hilfe neuer Nagelschrauben am Gestell befestigt werden. Abgebrochene Holzstücke lassen sich nicht reparieren. Ebenso sollten Sie Füße, die besonders »wurmstichig« sind, besser

7 Nachher – Karierter Bezugsstoff. Unten glatte Zuspannung mit eingearbeiteter Kellerfalte.

durch neue Möbelfüße oder Möbelrollen, die es im Heimwerkerbedarfshandel gibt, ersetzen. Dasselbe gilt natürlich für alle Holzteile, die Ihr Prunkstück zusammenhalten.

Und damit es nicht die Motten bekommt (oder behält), sollten Sie jedes alte Polster vor einem Neubezug sorgfältig nach Schädlingen und Ungeziefer untersuchen und auch vorbeugend mit den handelsüblichen Mitteln behandeln.

Arbeitsablauf der Renovierung

Ein einfacher Küchen- oder Bürostuhl ohne Federung ist schnell neu bezogen! Entfernen Sie, wenn möglich, zuerst den Stuhlsitz, der aufgeklammert oder aufgeschraubt sein kann. Das ganze Holzgestell wird auf Stabilität untersucht. Wackelige Holzverbindungen müssen neu verleimt oder geschraubt werden. Anschließend kann das Gestell gründlich gesäubert und notfalls »aufgemöbelt« werden.

Der verschlissene Bezug wird von der Rückenlehne vorsichtig abgetrennt und in den Nähten auseinandergeschnitten. Genauso vorsichtig lösen Sie den alten Bezug von dem Stuhlsitz. Alle Teile werden aufbewahrt.

Die zu entfernenden Heftklammern, bei Ihrem Stuhl können es auch kleine Nägel sein, werden mit dem Nagelheber aus dem Sperrholz gezogen, eventuell muß man mit dem Holzhammer nachhelfen. Die Abdeckstreifenreste werden ebenfalls entfernt.

Falls die darunterliegende dünne Schaumstoff- oder Wattelage verschlissen oder zerbröckelt ist, ersetzen Sie die durch neuen Schaumstoff oder den weicheren Abdeckvlies.

8 Mit dem Nagelheber entfernt man die alten Heftklammern aus dem Stuhlsitz.

20

Schaumstoff wird bei den einfachen Stühlen meistens nur bis an den Rand des Sitzes und der Rückenlehne geklebt. Dazu wird ein Spezial-Schaumstoffkleber verwendet. Wenn die Sitz- und Rückenlehnkante weicher abgerundet erscheinen sollen, kann der 2 bis 3 mm dünne Schaumstoff oder das anschmiegsame Abdeckvlies um die Kanten herum und auf der Unter- beziehungsweise auf der Rückseite geklebt und getackert werden. Im Anschluß legen Sie die Einzelteile des alten Bezugs auf den neuen Stoff. Dabei muß wieder auf Fadenlauf und Schur geachtet werden.

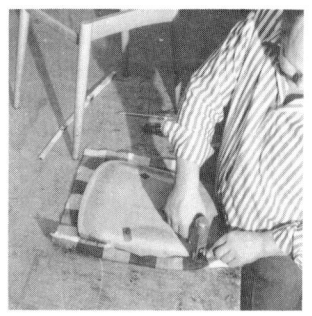

9 Der neue Bezugsstoff wird auf den Stuhlsitz getackert.

Eine einfache Regel für den einfachen Stuhl: Rückenlehne: von oben nach unten, Sitz: von hinten nach vorn! Die glatten Stoffschablonen – vor dem Aufstecken eventuell bügeln – werden mit Schneiderkreide umrissen und der neue Stoff ausgeschnitten.

Der Stoff wird auf den Stuhlsitz gelegt, um die Kanten straff herumgezogen und auf der Unterseite angetackert. Die Heftleiste soll möglichst mit einem Stoffstreifen abgedeckt werden. Bei der Rückenlehne wird in der Regel zuerst die Stoffinnenseite um die Kanten nach hinten gezogen und ebenfalls angetackert. Im Anschluß nähen Sie das Rückenspannteil mit der Hand am Rand entlang dagegen. Bei Küchen- und Bürostühlen sind vollsynthetische Bezugsmaterialien, teilweise mit lederähnlichem Aussehen, sehr beliebt. Mit diesen Materialien weiß der Heimwerker ohne weiteres umzugehen. Bei besonders festen Materialien kann jedoch das Rückenspannteil nicht angenäht werden. In diesem Fall wird es mit passenden Ziernägeln am Rand entlang angenagelt.

Sie werden nach Fertigstellung ganz besessen sein!

21

Auf den »Goldenen Schnitt« kommt es an!

Haben Sie sich nicht auch schon oft geärgert, wenn Sie in einem unbequemen Polstermöbel gezwungenermaßen länger sitzen mußten, als Ihnen lieb war? Jedes Polster sollte den Maßverhältnissen des menschlichen Körpers angepaßt sein, sonst fühlt man sich darin nie richtig wohl!
Der Körperbau eines normal gewachsenen Menschen gliedert sich bekanntlich nach dem »Goldenen Schnitt«.

10 Der Mensch, das Maß aller Dinge.

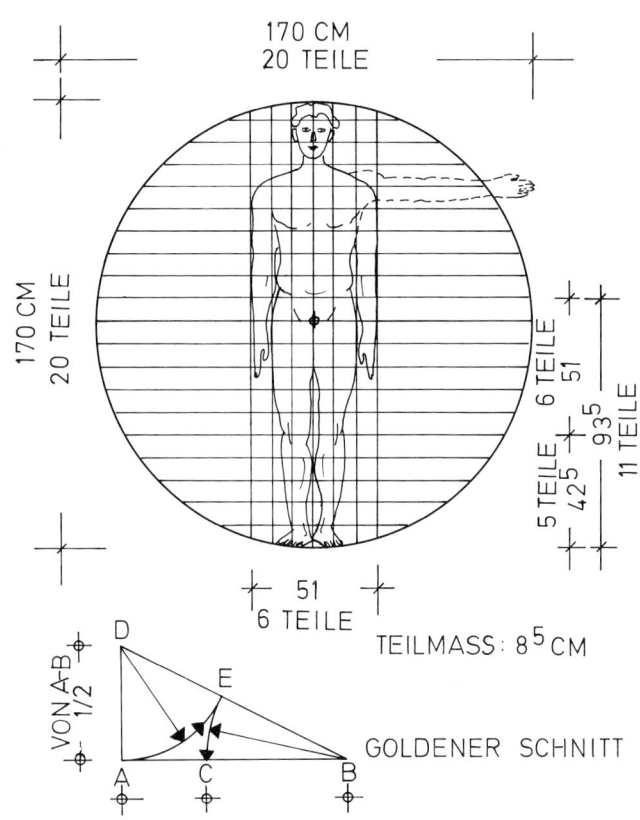

Um die Maße eines Sessels für Ihre Körpergröße zu errechnen, teilen Sie ihr Größenmaß in 20 gleiche Teile auf.

Wir nehmen an, daß Sie 1,70 m groß sind. Dieses Maß durch 20 geteilt, ergibt ein Teilmaß von 8,5 cm. Für die Sitzhöhe und Tiefe benötigen Sie dieses Teilmaß elfmal. So ergibt sich ein Maß von 93,5 cm. Die Sitzhöhe muß bis zu den Kniekehlen reichen, das sind fünf Teilmaße = 42,5 cm. Damit Sie sich nun bequem anlehnen können, wird das Polstermöbel um 6 cm nach hinten tiefer gepolstert. Die hintere Kante ist dann 36,5 cm hoch. Die Tiefe ergibt sich dann automatisch aus den restlichen sechs Teilmaßen = 51 cm. Falls der Sessel nun eine Sitzhöhe von 40 cm hat, so sind die restlichen 2,5 cm der Sitztiefe hinzuzurechnen, so daß diese dann 53,5 cm messen würde. Bei jeder Veränderung der Sitztiefe oder Sitzhöhe muß das Gesamtmaß von 93,5 cm immer erreicht werden!

Bis zu Ihrer Schulter benötigen Sie als Rückenlehnhöhe fünf Teilmaße = 42,5 cm. Dieses Maß wird der hinteren Sitzhöhe von 36 cm hinzugerechnet, so daß Sie auf ein Gesamthöhenmaß von 78,5 cm kommen.

Falls die Rückenlehne bis zum Nacken reichen soll, so benötigen Sie sieben Teilmaße zuzüglich der 36 cm Sitzhöhe = 95,5 cm. Ohrenbackensessel haben nach Ihrem Maß eine Rückenlehnhöhe von 104 cm = acht Teilmaße zuzüglich 36 cm Sitzhöhe.

Je nach Ausführung, das heißt Stärke und Härte des Sitzpolsters, können von der Rückenlehnhöhe 5 bis 8 cm abgezogen werden.

Alle Maße sind Innenmaße, dazu zählt für das fertige Polstermöbel die Stärke der Rückenlehnpolsterung, wenn Sie die Gesamttiefe ermitteln wollen.

Selbst die Armlehnhöhe läßt sich nach dem »Goldenen Schnitt« errechnen. Bei Ihrer Körpergröße von 170 cm beträgt das Maß bis zu den Kniekehlen 42,5 cm. Vom Ellenbogen bis zum Oberschenkel ist es davon zusätzlich die Hälfte; die bequeme Armlehnauflage liegt bei einer Höhe, vom Fußboden aus gemessen, von 63,5 cm (= 42,5 cm + 21 cm). Hierbei spielt natürlich wieder wie bei der Rückenlehnhöhe die Ausführung des Sitzkissens eine Rolle.

Mit diesen »Maß-Regeln« ausgerüstet, können Sie sich zum Beispiel einen Schaumstoffblock auf Ihren Körper zuschneiden lassen!

Junge Leute sitzen, oder besser gesagt, lümmeln sich lieber in flachen tiefen Sesseln oder Sofas, während ältere Menschen oft Schwierigkeiten haben und stöhnen, wenn Sie sich daraus erheben wollen.

Außerdem können Sie mit diesen Maßkenntnissen beim Polstermöbelkauf sofort feststellen, der Zollstock genügt, wo Sie am liebsten sitzenbleiben möchten! Auch Schaumstoffkerne können Sie nun »unbesessen« bestellen, wenn Sie im Angebot genau vermaßt sind. Einmal durchgerechnet, und Sie wissen, ob Ihnen das Polster paßt.

Die Sitzbreite errechnet sich ebenfalls aus der Teilung des Körpermaßes durch 20. Bei einer genannten Größe von 1,70 m werden sechs Teile = 51 cm benötigt, dazu werden von 2 bis 3 cm für die Kleidung addiert, so daß Sie etwa 54 cm Sitzbreite brauchen.

Vielleicht sagen Sie jetzt, daß Sie lieber eine breitere Sitzfläche bevorzugen? Nun ja, das ist möglich, aber nur bis zu einer gewissen Grenze.

Haben Sie schon einmal die Breiten der üblichen Polsterkissen festgestellt? Sie werden sehen, daß

24

jedes Sitzkissen nicht breiter als etwa 62 cm ist. Und dieses Maß ergibt sich aus den handelsüblichen Stoffbreiten, die bei etwa 1,30 m bei Bezugsstoffen liegt.

Um den wertvollen Bezugsstoff sparsam zuzuschneiden, schneidet der Polsterer aus einer Stoffbreite zwei Sitzkissen à 65 cm. Nach Abzug aller Nähte ist dann das fertige Sitzkissen etwa 62 cm breit.

Mittlerweile sind auch breitere Stoffe im Handel: 140 cm, 145 cm, 150 cm sowie auch 160 cm. Die beliebten Jeansstoffe sind zum Beispiel bis zu 160 cm breit.

Beim Eigenentwurf können Sie sich dann wunschgemäß einen breiteren Sessel bauen. Fazit: Hineinsetzen und sich wohlfühlen!

Würfel, eine geglückte Polsterergänzung

Einfache Sitzwürfel, aus einem Block oder diversen Schaumstoffplatten mit dem Spezialsprühkleber zusammengeklebt, sind für jeden Raum ein willkommener Sitzspaß. Im Kinder- oder Jugendzimmer lassen sie sich zu farbenfrohen Wohnlandschaften arrangieren, besonders, wenn der Bezugsstoff aus vielen bunten Stoffresten aneinandergenäht wurde. Stoffreste gibt es in Fachgeschäften auch im Schlußverkauf. Fragen Sie doch einmal in Einrichtungshäusern nach aussortierten Stoffmustercoupons! Aus ihnen lassen sich oft die originellsten Bezüge zaubern, die nicht mal teuer sind! Natürlich kann ein Würfel auch mit einem Bezugsstoff zu Ihrer Polstergruppe passend bezogen werden. Hier steht er besonders einladend, wenn

»Er« die Beine hochlegen möchte. Wählen Sie für diesen Zweck einen aus festgewebten Kunstfasern besonders strapazierfähigen Bezug, der sich mit Hilfe eines eingenähten Reißverschlusses leicht abziehen und reinigen läßt.

Sie benötigen:

1 Schaumstoffwürfel 40 cm $\times$ 40 cm $\times$ 40 cm; Nessel, bei einer Stoffbreite von 0,90 m, 1,20 m; Bezugsstoff, bei einer Stoffbreite von 0,90 m ebenfalls 1,20 m, bei einer Stoffbreite von 1,30 m nur 0,80 m. Statt Nessel können Sie auch ein altes Bettlaken verwenden. 1 bis 2 Rollen Nähgarn oder Nähseide, je nach Stoffqualität; 1 runde Polsternadel, 1 normale dicke längere Nähnadel reicht auch aus; Stecknadeln und Schere sowie ein Maßband und Sprühkleber.
Es wurde bewußt keine Nahtzugabe berechnet! Fachleute sagen, daß nur so der knapp genähte Bezug »wie angegossen« sitzt!

So wird's gemacht:

Die sechs Nessel- und die sechs Bezugsstoffplatten 40 cm $\times$ 40 cm zuschneiden.
Mit dem Sprühkleber wird der Nessel stellenweise an den Rändern entlang auf den Schaumstoff geheftet. Sie können auch bereits den Nessel bezugartig zusammennähen.
Die Nesselunterlage verhindert das Verrutschen und die Faltenbildung des Bezuges auf dem Schaumstoffblock.
Für den Bezug nähen Sie fünf Würfelplatten »auf Links« mit der Nähmaschine knappkantig zusammen. Der Bezug wird »auf Rechts« gewendet, die Nähte ausgedämpft und über den mit Nessel um-

11 Mit flinken Stichen wird die sechste Würfelseite eingenäht.

mantelten Würfel gezogen. Die Ecken werden mit der Nadel herausgezogen. Die letzte stichelige Arbeit ist das Gegennähen der sechsten Platte per Handarbeit. Falls ein Reißverschluß gewünscht wird, sollte er vorher mit in einer der Maschinennähte eingearbeitet werden.

Die letzten vier Handnähte werden vorsichtig ausgedämpft und fertig ist der »Grundstein« für viele Sitz- und Liegeformen.

In derselben Art können Sie auch Rücken- und Sitzkissen sowie Schaumstoffmatratzen beziehen. Bei diesen Polstern sollten die eingenähten Reißverschlüsse immer in einer der unteren rückseitigen Nähte sein.

12 So eine gemütliche Sitzbank ist als Frühstücksplatz besonders einladend.

Eine Bank zum Sitzenbleiben

Sitzbänke sind besonders beliebte Plätze, sei es in der Küche oder im Eßraum. Aber nicht jeder sitzt gern länger auf einer harten, ungepolsterten Bank. Oft wird deshalb ein Sofakissen unter den Allerwertesten gelegt, was den Nachteil hat, daß es wegrutscht und je nach Füllung zu weich ist. Mit Schaumstoffplatten, die Stärke richtet sich nach der gesamten Sitzhöhe – etwa 42 bis 45 cm für eine Eßecke – wird das Problem schnell und zu aller Bequemlichkeit genäht. Die Rückenkissen-Schaumstoffplatte kann in demselben Härtegrad oder noch härter als die Platte des Sitzkissens gewählt werden. Die Stärke des Schaumstoffes sollte 6 bis 7 cm betragen. Das Rückenkissen muß der besseren Anlehnmöglichkeit wegen nach oben hin spitzer zulaufen.

Nach dem Zuschnitt der Schaumstoffteile werden sie mit Nessel ummantelt. Falls das Sitzkissen weicher als das Rückenkissen gepolstert sein soll, wickeln Sie den synthetischen watteartigen Fill mit Gazeabdeckung um die Schaumstoffplatte. Dabei können Sie sich den Nesselbezug sparen. Die kantige Form geht allerdings durch die Ummantelung verloren.

Für den Zuschnitt des Bezuges, der nicht mit Fill unterlegt ist, rät der Fachmann keine Nahtzugabe, damit der Bezug schön straff und faltenlos aufliegt. Bei einer Fillummantelung müssen Sie mit einer Nahtzugabe von etwa 1 bis 1,5 cm, je nach Fillstärke, rechnen.

Die zugeschnittenen Teile – auf Fadenlauf und Schur achten – werden zusammengenäht. Dabei ist das Einnähen von Reißverschlüssen in der hin-

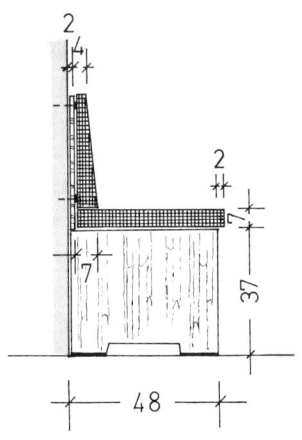

13 Seitenansicht einer Sitzbank mit schrägem Rückenkissen.

teren unteren Naht des Sitz- und des Rückenkissens von großem Vorteil. Ruckzuck sind verschmutzte Bezüge abgetrennt!

Auf uni und kleingemusterten Kissenplatten kann eine aufgesteppte Bordüre besonders langgestreckte Flächen dekorativ auflockern. Die Rücken werden auf der Rückseite, oben und unten, mit Klettenband an der hölzernen Rückwand der Sitzbank befestigt. Dabei wird jeweils ein Teil des doppellagigen Bandes auf der rückwärtigen Stoffseite aufgesteppt und das Gegenstück mit Kompaktkleber auf die Span- oder Tischlerplatte geklebt oder mit der Heftpistole angetackert.

Falls Sie Ihre Rückenkissen direkt an einer gemauerten Wand befestigen wollen, so nähen Sie in die obere hintere Naht des Rückenkissens kleine Schlaufen ein. In das Mauerwerk werden feste Zierhalterungen eingedübelt und die Rückenkissen daran gehängt.

Schaumstoffmöbel maßgeschneidert!

Nach dem gezeigten Modell haben Sie die Möglichkeit, jeden anderen Schaumstoffkern selber zu beziehen. Da sich aber nicht jeder »Polsterer« als Designer berufen fühlt, kann er sich diese Schaumstoffrohlinge per Post oder Bahn ins Haus bestellen! Erweiterungen sind möglich. Sie brauchen nur noch Maß zu nehmen! Nach Ihren Raummaßen und Ihren speziellen Sitzwünschen fertigt der Hersteller Sitzelemente, Keile, Rollen und Kissen an. Auch Matratzen und Betten in allen Größen und Formen werden geliefert.

Die Schaumstoffkerne haben als Sitzelemente ein Raumgewicht von 30 bis 35 kg, als Rückenpolster zwischen 24 und 26. Der Hersteller gibt eine fünfjährige Garantie und liefert auf Wunsch Matratzen und weitere Sitzelemente aus hochwertigem Polyätherschaumstoff aus verschiedenen Härtegraden mit dem gleichen Ausgangsraumgewicht zum selben Preis.

Die Elemente können Sie als rohen Kern oder direkt mit einem Cord-, Segeltuch- oder Veloursstoff bezogen, kaufen. Es kann ja möglich sein, daß Ihnen zum Selberbeziehen aller Ihrer Polstermöbel doch die Zeit fehlt.

Für bereits vorhandene Polster wird Ihnen der Hersteller den passenden Bezug nachliefern. In allen

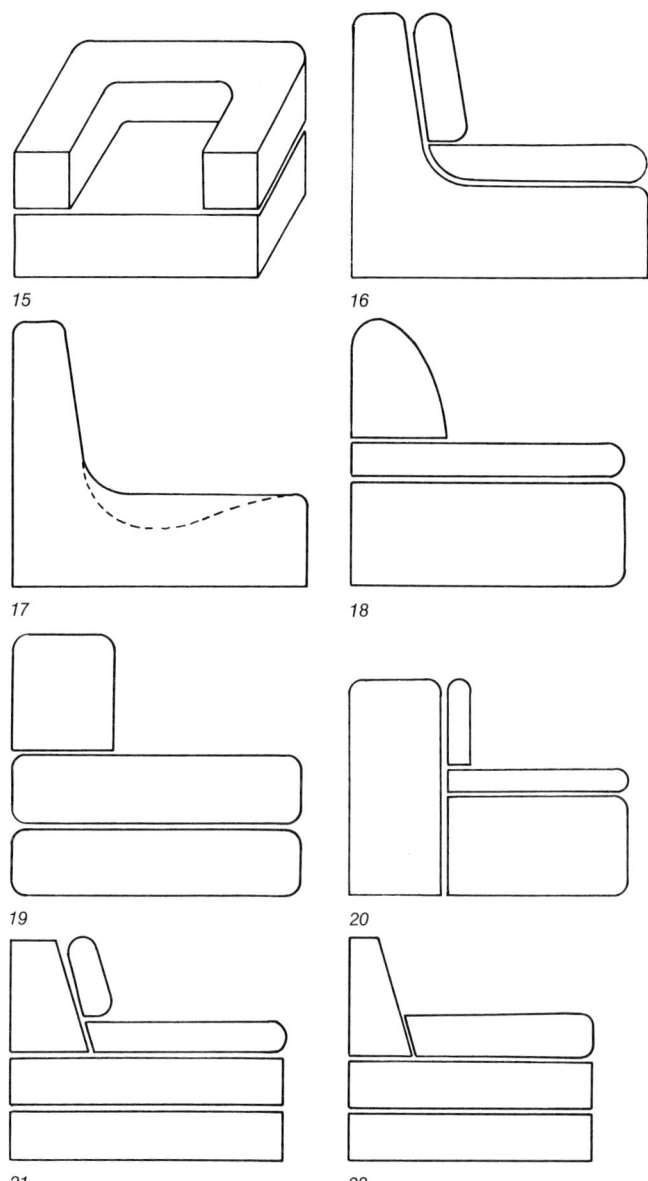

15

16

15 bis 24 Diverse Schaumstoff-Elemente zum Selberbeziehen.

17

18

19

20

21

22

31

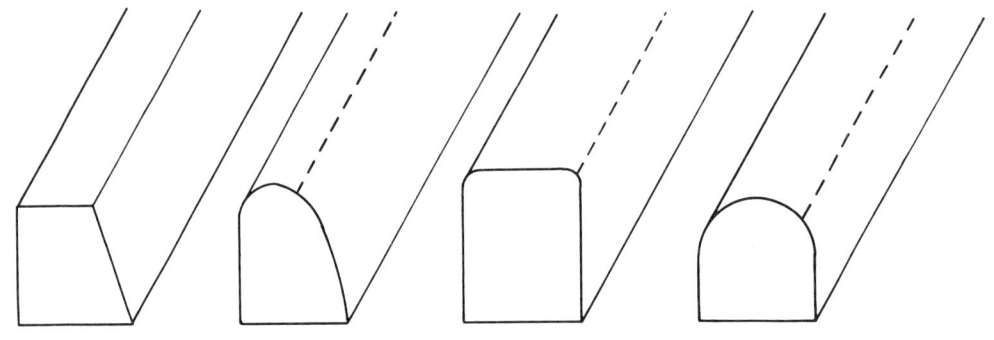

Bezügen, die fertig geliefert werden, ist über drei Seiten ein Reißverschluß eingenäht.

Zu den genannten Möglichkeiten, zu einem individuellen Polstermöbel zu gelangen, können Sie außerdem dem Lieferanten Ihren eigenen Bezugsstoff schicken, den er Ihnen auf Wunsch auf Ihr ausgesuchtes Schaumstoffteil zieht.

Sie sehen, ein Schaumstoffpolster mit unendlichen Möglichkeiten!

Wenn Sie Ihre Polsterelemente frei in den Raum stellen wollen, stehen Rücken- und Eckbügel in

24

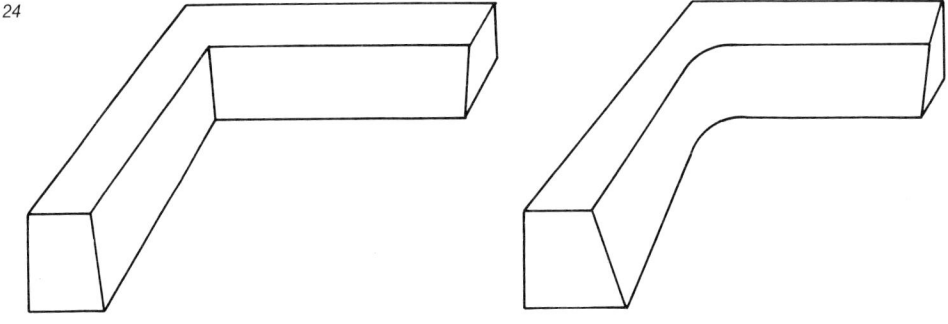

matt-schwarzer oder verchromter Ausführung zur Wahl.
Mit Ihrer Hilfe und nach eigenen Ideen können Sie sich eine ganze Wohnung auspolstern!

Vier Stunden Arbeit = viele Stunden Gemütlichkeit

Leichte mobile Sitzmöbel sind immer gefragt, aber leider bei hoher Sitzqualität nicht immer preiswert. Außerdem paßt der Serienbezugsstoff meistens nicht zur eigenen Einrichtung. Falls Sie auf der Suche nach so einem guten Stück sind, das in

25 Mobile Schaumstoff-Elemente mit selbstgebautem fahrbarem Untersatz.

eine antik oder in eine modern eingerichtete Wohnung gleichermaßen gut paßt – auf den Bezug kommt es an –, sollten Sie sich solch einen Schaumstoffrohling beziehen!
In etwa vier Stunden können Sie den Kern mit einem hübschen Bezug und mit einem fahrbaren Untersatz ausstatten.

Sie benötigen:

1 Schaumstoffkern, Sitzhärte nach Belieben,
   2,35 m Klettenband,
1 Spanplatte, 13 mm stark, 60 cm x 76 cm,
4 kleine Möbelrollen mit Schrauben,
1 bis 2 Rollen Nähgarn, auf den Stoff abgestimmt,
1 Tube Zweikomponenten- oder Kompaktkleber,

26 Material und Werkzeug, das
Sie benötigen.

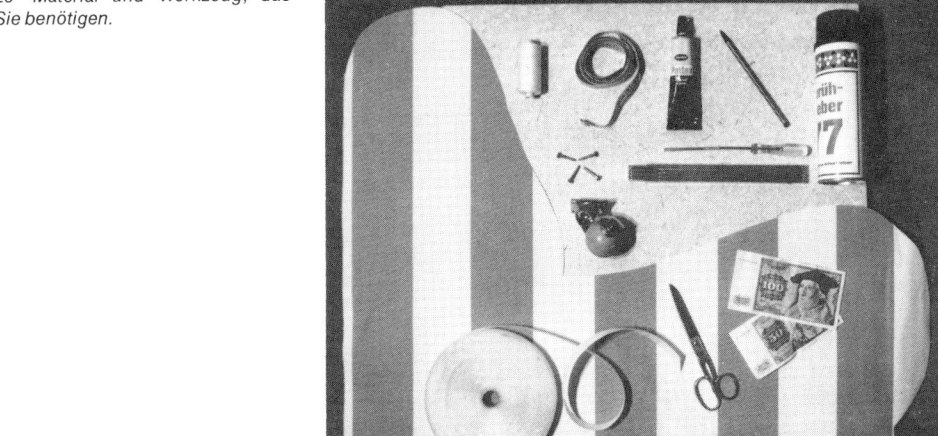

34

1 Dose Schaumstoffkleber, auch als Spray,
  Schere, Maßband, Zollstock, Schraubendreher,
1 Bogen Pappe, Schneiderkreide, Bleistift,
  Stecknadeln und Nähmaschine.

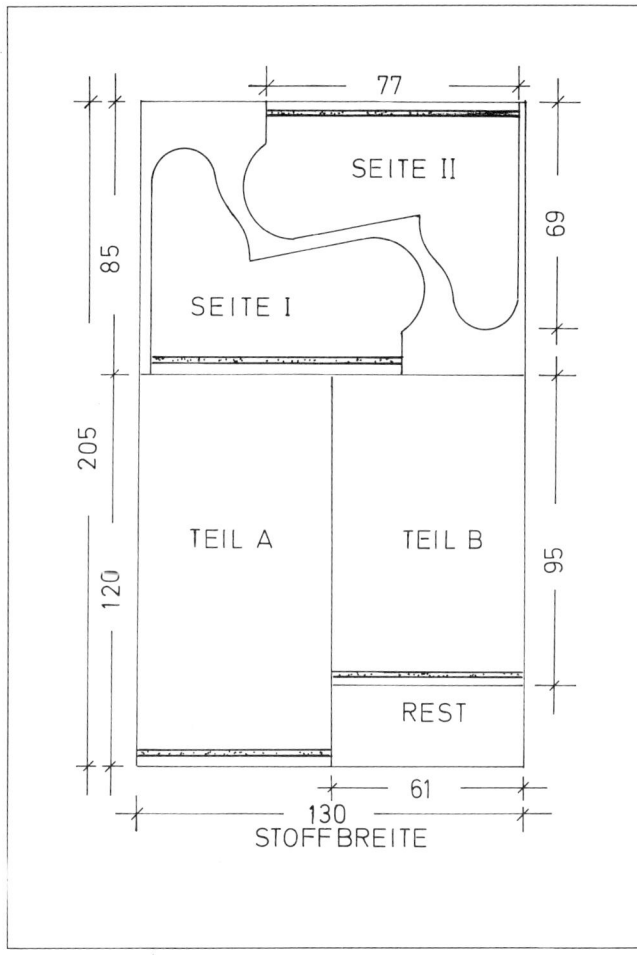

27 So schneidet man den Stoff für einen Bezug aus Markisen-Drell zu!

Wie bei allen Bezügen, sollten Sie auch diesen Bezugsstoff nicht zu dünn wählen. Es wurde für das gezeigte Musterstück ein gestreifter Markisendrell genommen. Der Stoffbedarf richtete sich in diesem Fall nach dem Streifen. Bei einer Breite von 1,30 m wurden 2,05 m Bezugsstoff benötigt. Für unifarbene Bezüge brauchen Sie die gleiche Metrage. Bei gemusterten Stoffen müssen Sie auf den Rapport – sich wiederholendes Dessin im gleichen Abstand – achten. Das gilt besonders dann, wenn Sie mehrere Sessel mit demselben Stoff beziehen!

Außer dem Bezugsstoff brauchen Sie Nessel oder ein altes Bettlaken, mit welchem der Schaumstoffkern ummantelt wird. Wir haben bei dem festen Drell darauf verzichtet. Der gezeigte Sessel ist in fertigem Zustand etwa 60 cm breit, 75 cm tief und 65 cm hoch.

Anhand der Schnittzeichnungen werden aus dem Pappkarton die Schablonen für die beiden Seitenteile zugeschnitten. Falls Sie sich diesen Schaumstoffkern nicht ins Haus schicken lassen, kann Ihr Händler anhand dieser Schablone Ihnen das Polster zuschneiden.

Dafür müssen Sie von der unteren Kante – worauf später das Klettenband genäht wird – für den Schaumstoffzuschnitt 4 cm gradlinig abziehen.

Nessel, wenn benötigt, und Bezugsstoff werden ohne Nahtzugabe zugeschnitten.

Die Teile A und B werden in der Länge so aneinandergenäht, daß bei einem Streifenstoff die Streifen in einer Richtung laufen. Sie haben eine Länge von 2,15 m. So sparen Sie etwa 1,00 m Stoff. Nach Fertigstellung verschwindet diese Naht unsichtbar in der Falte zwischen Lehn- und Sitzfläche.

Alle Schnittkanten werden im Zick-Zack-Stich – falls diese Einstellung auf Ihrer Nähmaschine möglich ist – eingefaßt. Nun legen Sie die beiden Seitenteile und das aus A und B bestehende lange Teil nebeneinander, reißen das doppellagige Klettenband auseinander und steppen jeweils eine Lage auf die Unterkante der Seitenteile (Abstand von Unterkante Stoff bis Oberkante Klettenband = 4 cm) und auf das zusammengenähte A- und B-Teil oben und unten im selben Abstand (Stoffkante bis Oberkante Klettenband = 4 cm) auf.

Jetzt beginnt das Anprobieren! Den langen Stoffstreifen hängen Sie der Länge nach über den Sessel und heften die Seitenteile an. Diese werden so eingenäht, daß die Klettenbandenden des langen Teils und die der Seitenteile bündig aneinanderstoßen. Anschließend nehmen Sie die Spanplatte und kleben am Rand der Unterseite mit einem Kompakt- oder Zweikomponentenkleber das Gegenstück des Klettenbandes rundherum an. Die vier Ecken schneiden Sie auf Gehrung (schräg gegeneinander). Die Spanplatte wird gewendet und auf der Innenseite vollflächig mit dem Schaumstoffkleber besprüht oder bestrichen. Ebenso muß die Unterseite des Schaumstoffkerns behandelt werden. Nach kurzer Zeit – Hinweise des Klebemittel-Herstellers beachten – dürfen Sie den Schaumstoff fest auf die Spanplatte drücken, und der Block sitzt und haftet unverrutschbar auf dem harten Spanholz.

Nun bekommt der Sessel sein Gewand, das fest und straff aufliegen soll. Probieren Sie es zuerst an! Vielleicht müssen Sie hier und da noch eine Naht enger nähen. Wenn der Bezug stramm auf dem Schaumstoff und unten um die Spanplatte

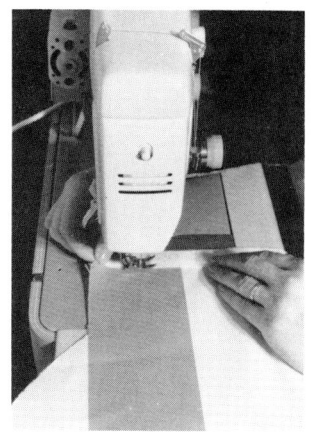

28 *Aufsteppen einer Lage Klettenband mit der Nähmaschine.*

29 Die zweite Lage Klettenband wird auf die Spanplatte geklebt (links).

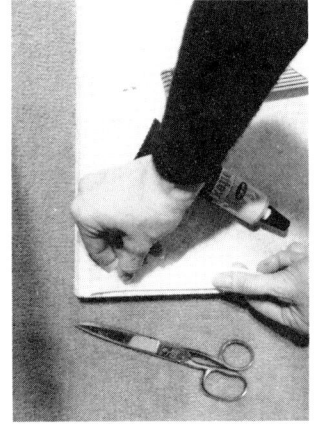
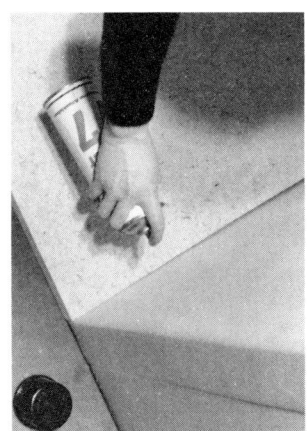

30 Mit Schaumstoff-Spezialkleber aus der Dose sind Schaumstoff und Spanplatte im Nu verbunden (rechts).

gezogen ist, können Sie die Bezugsstoffecken schräg ausschneiden. Das Klettenband des Bezugsstoffes wird nun auf das Gegenband, das auf der Spanplatte klebt, gedrückt. Leicht läßt es sich zwecks einer Reinigung ab- und anschließend wieder ankletten.

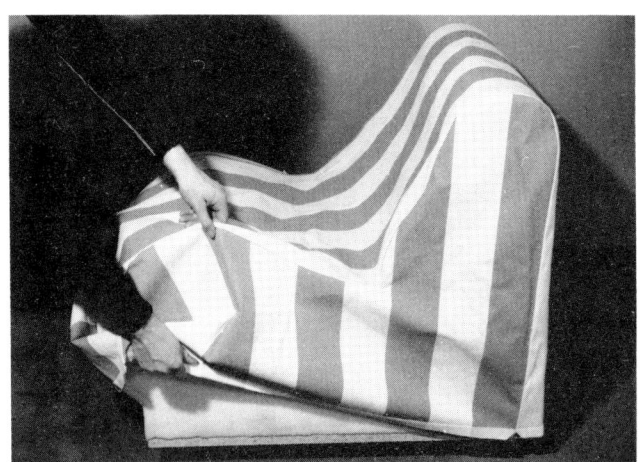

31 Straff und glatt soll der genähte Bezug auf dem Schaumstoff sitzen!

32 Die beiden Klettenband-Lagen werden zusammengedrückt.

Zum Schluß schrauben Sie die Möbelrollen unter die vier Spanplattenecken.
Zeichnen Sie sich zuerst die Bohrlöcher an und bohren Sie vor. Eins, zwei, drei, vier, Sie sind am Ziel!
Jeder Sessel ist ein Volltreffer für Ihre Wohnung!

33 Unter jede Ecke eine Möbelrolle schrauben ...

34 ... aber erst anzeichnen und vorbohren!

39

Der gespannte Sessel zum Ausruhen

Auch Sie sind nun als Polster-Profi in der Lage, sich bei Bedarf so einen stabilen gegurteten Sessel selber zu polstern. Das Buchenholzgestell auf Kufen, das Gurtband, die Schaumstoffteile, Diolen-Abdeckvlies sowie Dacron-Fill werden Ihnen, falls Sie es wünschen, auch ins Haus geschickt.

Sie brauchen sich nur noch an Ort und Stelle folgendes Material und Werkzeug zu besorgen:

2,30 m Bezugsstoff, 1,40 m breit; bei einem Rapport entsprechend mehr; 1,50 m Futterstoff, 0,90 m breit.

Der Fachmann verarbeitet aus Sparsamkeitsgründen sogenanntes Federleinen für die Bespannung

35 Der fertig gepolsterte Sessel mit Cordbezug.

der nicht unmittelbar sichtbaren Flächen, wie dem »Grund« und der Unterseite des Sessels. Sie können dafür Futterstoff verwenden.

Außerdem werden Sie die runde Polsternadel, Stecknadeln, Nähgarn, Spezialkleber für den Schaumstoff, feste Pappe 65 cm x 65 cm, etwa 2,30 lange und 5 cm schmale Pappstreifen zum Gurten, Polsterhammer, Schneiderschere, Gurtspanner, Kammzwecken, Zollstock, Bleistift sowie ein Maßband benötigen.

Der fertig gepolsterte Sessel hat die Maße:

Breite 70 cm, Gesamt-Tiefe etwa 80 cm, Gesamt-Höhe 60 cm.

Vor dem Gurten wird die Zugleiste, welche zwischen den Rückenlehnstollen eingezapft ist, entfernt.

Das Gurtband befestigen Sie mit einem einfachen Umschlag auf der Oberseite des hinteren Rahmenteils. Dazu hämmern Sie kleine 4/8 Kammzwecken ein. Jeder Gurt wird gleichmäßig nach hinten gespannt, wozu endlich der Gurtspanner zur Anwendung kommt. Zur Verstärkung der Nagelstellen werden die schmalen Pappstreifen eingelegt und

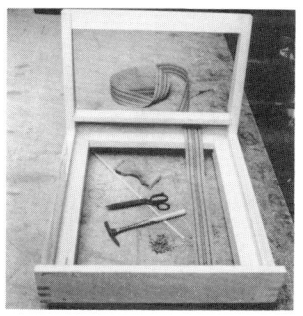 

36 Vor dem Gurten erfolgt das Ausklinken der eingezapften Zugleiste (links).

37 Aufnageln des einfachen Umschlags (rechts).

41

38 Der Gurt wird mit dem Gurtspanner gleichmäßig gespannt
(links).

39 Schmale untergelegte Pappstreifen verstärken die Nagelung
(rechts).

festgenagelt. Im Anschluß wird das Gurtband ab-
geschnitten und etwas versetzt zu der unteren
Lage angenagelt. Dieses Nagelreihenversetzen ist
notwendig, damit nicht alle Gurtstifte in dieselbe
Holzfaser eingeschlagen werden und das Holzgestell aufspalten können.

In der Querrichtung spannen Sie in gleichmäßigem
Abstand »wie geflochten« sechs Gurte.

Nach dem Einsetzen der Zugleiste verspannen Sie
den Gestellrücken von der Zugleiste bis zur Kopfleiste mit fünf Gurten und in Querrichtung drei
Gurte. Für diesen Arbeitsgang kippen Sie den Sessel auf den offenen Rücken.

40 »Umlegen« des Sessels zum
Gurten des Rückenlehnteils
(links).

41 Der fertig gegurtete Sessel
(rechts).

Nun geht's an den Zusammenbau

Die Schaumstoffteile legen Sie in das Holzgestell. Zuerst das Sitzteil, dessen vordere Schräge etwas über den Holzzargenrahmen hinausragt. Vor das Rückenlehngestell (Rückenlehnstollen mit Kopfleiste oben und Zargenleiste unten) stellen Sie auf

42 Die Schaumstoffpolster werden auf die Gurte gelegt.

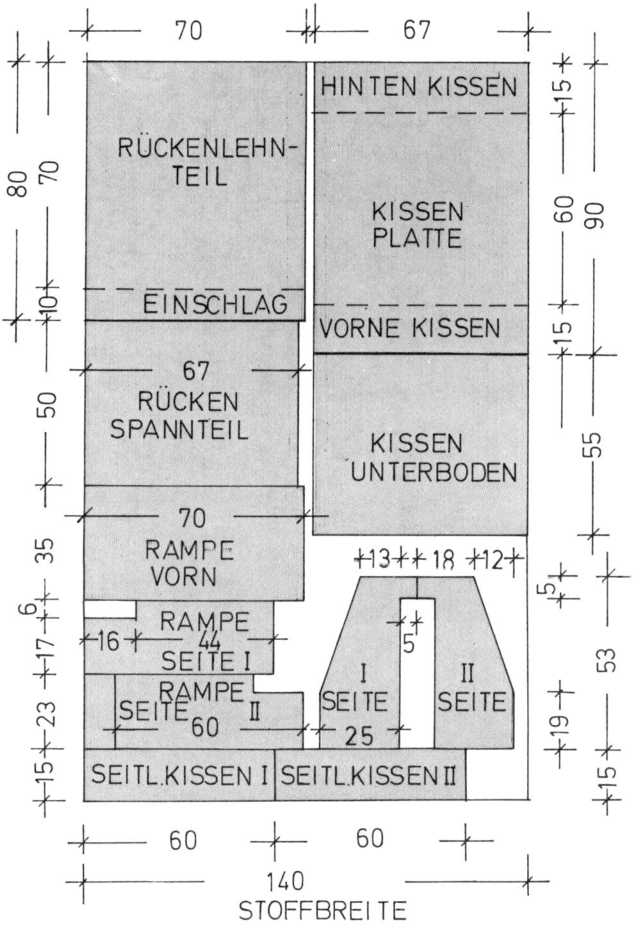

Schnittmuster:

70 · 67

HINTEN KISSEN · 15

RÜCKENLEHN-TEIL · 80 · 70

KISSEN PLATTE · 60 · 90

EINSCHLAG

VORNE KISSEN · 15

67 · 50

RÜCKEN SPANNTEIL

KISSEN UNTERBODEN · 55

70

RAMPE VORN · 35

13 · 18 · 12

RAMPE SEITE I · 16 · 44 · 6 · 17 · 5

RAMPE SEITE II · SEITE 60 · 23

I SEITE · II SEITE · 5 · 53

25 · 19

SEITL.KISSEN I · SEITL.KISSEN II · 15

60 · 60

140
STOFFBREITE

43 Und so sieht das Schnittmuster aus!

43

das Sitzpolster das Rückenlehnpolster. Die oberste Schaumstoffplatte ragt um etwa 6 cm über die Kopfleiste hinaus. Diese Auskragung wird später mit dem Vlies weich abgepolstert und bildet den runden Übergang zum Rückenspannteil.

Der gesamte Sessel kann nun, außer der Sessel-unter- und der hinteren Rückenlehnseite, mit dem weichen anschmiegsamen Vlies aufgepolstert werden. Es verleiht dem fertigen Sessel seine abgerundete Form. Dort, wo die leichte Schräge des Sitzpolsters auf dem Sesselgrund ausläuft, wird das Vlies mit großen tiefen Heftstichen an den darunterliegenden Schaumstoff geheftet. Nun wird zugeschnitten. Unser Musterstück trägt einen Cordbezug aus synthetischer Faser.

Dem Schnittmuster geben Sie bitte für die Nähte jeweils 1 cm zu.

Außerdem schneiden Sie aus dem Futterstoff eine Platte von 67 cm Länge und 60 cm Breite für das

44 Nun wird das Spannteil eingenäht.

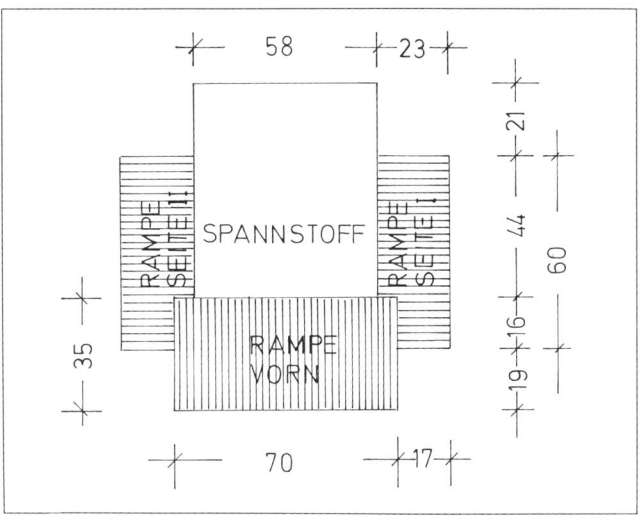

44

Spannteil sowie ein 62 cm langes und 72 cm breites Stoffstück für die Sesselunterbodenbespannung.

Den Bezugsstoff des Rückenlehnteils und den der beiden Seitenteile nähen Sie mit der Maschine von links zusammen, wenden den Bezug und ziehen ihn über die Rückenlehne. Den angegebenen 10 cm langen Einschlag ziehen Sie zwischen Rücken und Sitz innerseitig nach außen und nageln ihn mit Kammzwecken an den hinteren Zargenrahmen.

Der Spannstoff wird nach Muster mit der Nähmaschine zwischen der vorderen und den beiden

46 Die Unterboden-Zuspannung aus Futterstoff kann sich sehen lassen!

seitlichen Rampen eingenäht. Nach Auflage auf den Sitz ziehen Sie das nach hinten überragende Stoffstück mit Spannung zwischen Sitz und Rückenlehnteil durch und hämmern es stramm am Holzgestell an.

Nun kann auch der Rücken mit Pappe zugenagelt und mit dem Vlies beklebt werden.

Die Ecknähte der Rampen und die Anschlußnähte an den beiden Seitenteilen schließen Sie mit der Hand. Die obere Auskragung wird weich um die Kopfleiste herumgezogen und an das Vlies geheftet.

Nun können Sie das Rückenspannteil mit der Hand dagegen und an den hinteren Nähten der Seitenteile befestigen.

Die unteren Stoffüberstände werden stramm um das Gestell herumgezogen und aufgetackert.

Zum Schluß wird der Sessel von unten durch das Aufheften des Futterstoffes rundherum geschlossen.

Diese Heftreihe braucht nicht abgedeckt zu werden, man wird sie normalerweise nicht sehen.

Es fehlt nur noch das Sitzkissen, das lose aufgelegt wird. Die Kissenplatte schlagen Sie jeweils vorne und hinten 15 cm um – dadurch sparen Sie zwei Nähte – und nähen kastenförmig den Kissenboden und die zwei Seitenteile ein. Der Kissenboden ist bewußt etwas kleiner geschnitten, damit es richtig »füllig« wirkt. Die untere hintere Naht soll offen bleiben. Hierdurch schieben Sie den Schaumstoffkern, der vorher mit einer zweilagigen Fillummantelung versehen wurde. Die Naht kann durch einen Reißverschluß oder mit der Hand säuberlich geschlossen werden.

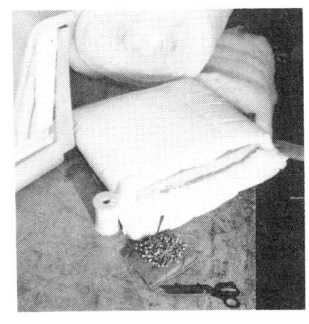

47 Sitzkissen-Schaumstoffkern mit zweimaliger Fillumwicklung.

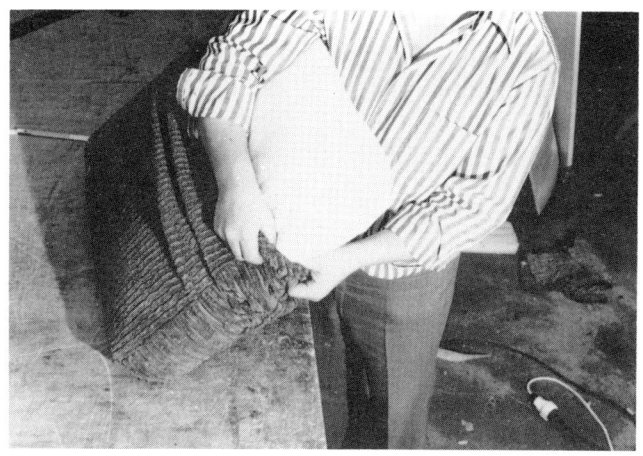

48 Das Sitzkissenpolster wird in den genähten Bezug gesteckt.

Je nach Stoffart dürfen Sie auch auf dieses nahtlos von vorn nach hinten durchlaufende Kissen verzichten und zur bewußten Formgebung auch das vordere und hintere Seitenteil einnähen.

Sie haben sich einen Sessel gepolstert, der nicht nur in modern eingerichtete Räume paßt. Verziert mit Schnürborten, auf englisches Leinen oder Velour genäht, fügt er sich auch in stilechten Räumen einladend ein.

Fleckenentfernung von Polsterstoffen

Frische Flecken sollten Sie auf jeden Fall schnellstens entfernen. Bei älteren Flecken wäre es zur besseren Beseitigung von großem Vorteil, wenn Sie die Art der Verschmutzung feststellen könnten. Vor dem eigentlichen Zursachegehen ist das Polster gründlich auszubürsten oder, noch besser, abzusaugen!

Verbleibender Staub bildet nach der Fleckenentfernung immer den unerwünschten häßlichen Rand. Nach Möglichkeit sollten Sie noch feststellen, aus welchem Material der Bezugsstoff und aus welchem das direkt darunterliegende Polstermaterial besteht.

Auf keinen Fall sollten Sie allzu naß ans Werk gehen. Bei jeder triefnassen Behandlung kann das darunterliegende Polstermaterial Farbstoffe an den Bezugsstoff abgeben. Diese zusätzliche Fleckenbildung wäre noch schlimmer und ist unter Umständen nicht mehr zu entfernen. Außerdem kann die Nässe eventuelle Klebeverbindungen auflösen. Nach der Fleckenentfernung würde die gereinigte Fläche Falten schlagen oder sich als »Beule« abheben.

Größere Verschmutzungen sollten in einer Fachreinigung für Polstermöbel behandelt werden. Abziehbare Bezugsstoffe und Sitzkissenbezüge mit eingenähten Reißverschlüssen verleiten die tüchtige Hausfrau schnell zum Selberwaschen. Das sollte sie nur wagen, wenn sie sich über die Möglichkeit und die Waschvorschriften beim Hersteller genau informiert hat. – Eine Reinigung ist im Zweifelsfall immer preiswerter als ein neuer Möbelbezug. Wenn der gewaschene Bezug »eingelaufen« ist, hilft weder Recken noch Strecken. Die Situation ist noch ärgerlicher, wenn der Bezugsstoff für einen Ersatzbezug nicht mehr im Handel erhältlich ist.

Für diese Fälle und für die Teile, die größerem Verschleiß ausgesetzt sind, wie Armlehnen, Nacken- und Sitzkissen, sollten Sie sofort beim Neukauf möglichst 1 bis 2 m dazu bestellen. Der Ersatzbezug wird sich dann zwar in der ersten Zeit etwas farblich abheben. Einen fast unsichtbaren Übergang schafft in solchen Fällen die Gesamtreinigung des übrigen Polsterbezugs. Falls Sie Haustiere haben, sollten Sie einen Ersatzstoff auf jeden Fall einplanen.

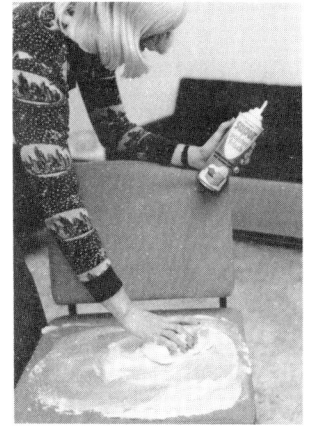

49 Ein »Auffrischer« aus der Spraydose.

Flecken leichter sowie unbekannter Art

Eine leicht verschmutzte Stelle kann mit dem handelsüblichen Polsterreinigungsmittel, das es auch als Schaumspray gibt, schnell und randlos gesäubert werden. Trotzdem sollten Sie die behandelte Stelle mit einem nichtflusenden, weißen Tuch trockenreiben. Beachten Sie die Gebrauchsanweisung des Herstellers. Oft genügt bereits das Ausreiben mit dem wenig feuchten, flusenfreien farblosen Tuch, welches in eine lauwarme Waschmittellauge getaucht wurde. Eventuell muß diese Behandlung mehrmals wiederholt werden.

50

Beizflecken

Beim Aufmöbeln kann es passieren, daß Ihnen Spritzer und Tropfen auf den Bezugsstoff gelangen. Hier hilft nur das Lösungsmittel, passend zur Beize. Alte Wachsbeizflecken lassen sich mit einem wachslösenden Fleckenwasser ausreiben. Da die Beize eine intensive Färbung erzeugt, ist eine restlose Farbentfernung, besonders von hellen und uni Stoffen, fast nicht möglich.

Lackflecken

Für diese Art Flecken gilt das gleiche zur Entfernung wie die Behandlungsmöglichkeit bei Beizflecken. Gehen Sie mit der entsprechenden Verdünnung vorsichtig ans Werk! Besser ist eine zweimalige, leichte Behandlung, als eine zu intensive, die auch Stoffarbe mitentfernen kann.
Uni-Stoffe kann man zusätzlich in einen handelsüblichen Entfärber tauchen und je nach Gewebematerial aufwärmen. Dabei muß es sich selbstverständlich auch um einen waschbaren und abziehbaren Bezug handeln! Die Vorschriften des Herstellers für Stoff und Entfärber sind dabei genau zu beachten!

Ölfarbflecken

Auch diese Farbflecken sind je nach chemischer Zusammensetzung und Alter unterschiedlich gut zu entfernen. Neue Ölflecke dürfen mit fettlösendem Fleckenwasser bearbeitet werden; ältere werden zunächst mit Terpentin erweicht und anschließend mit Spiritus und Tetrachlorkohlenstoff behandelt. Eine hundertprozentige Farbfleckenentfernung ist allerdings äußerst schwierig.

Leim- und Klebemittelflecken

Weißleimflecken können frisch mit heißem Wasser und anschließend mit einer Waschmittellösung herausgerieben werden. Kompaktklebeflecken lassen sich mit dem entsprechenden Verdünnungsmittel entfernen. Vorsichtig bei farbigen Stoffen vorgehen und besonders bei geklebten Polsterungen jeder Art!

Rostflecken

Diesen hartnäckigen Flecken können Sie mit einer Kleesalzlösung zu Leibe rücken. Außerdem gibt es speziellen Rostfleckenentferner im Handel.

Blutflecken

Bitte zuerst nur mit kaltem Wasser ausreiben, danach mit einer lauwarmen Waschpulverlösung nacharbeiten und wieder klar ausreiben. Ältere Blutflecken, besonders größere, lassen sich in der Regel nicht ganz spurlos beseitigen. Sie bleichen nur aus und bleiben meistens als helles Gelb im Stoff zurück.

Schuhcremeflecken

Zuerst sollten Sie es mit der warmen Waschmittellösung versuchen, danach können Sie bei Bedarf mit Spiritus oder Tetrachlorkohlenstoff nacharbeiten. Anschließend mit warmem Wasser die letzten Reste ausreiben.

Fettflecken

lassen sich manchmal einfach ausbügeln! Legen Sie ein Vlies- oder Löschpapier auf die Schadstelle und bügeln Sie sie mit mäßig warmer Temperatur (Bügeleisen-Einstellung auf *Wolle*) aus. Dabei legen Sie mehrmals ein frisches Löschblatt unter. Ebenso können Sie bei Kerzenwachsflecken verfahren! Außerdem können Sie Ihr Glück mit Tetrachlorkohlenstoff und den handelsüblichen Fleckenwassern versuchen. Alte Fettflecken sind besonders hartnäckig.

Wasserflecken

ebenso Behandlungsflecken entstehen durch Beschädigung der Stoffappretur (Oberflächenbehandlung des Stoffes). Die Schmutz- oder Reinigungsmittelreste setzen sich am Rand der nassen Stelle fest und trocknen ein.
Durch das Dämpfen mit einem feuchten Bügeltuch und direktem »Verreiben« der Randstellen wird solch ein Fleck beziehungsweise Kranz weitgehend beseitigt.

Übrigens: Im Handel gibt es für fast jeden Fleck ein spezielles Fleckentfernungsmittel, zum Beispiel für Obst-, Kugelschreiber-, Filzschreiber-, Tintenschreiber- sowie Weinflecken.

Keine Flecken sollten Sie entfernen, wenn es sich um folgendes Material handelt: gechintzte Stoffe, alle beschichteten Stoffe, Stoffe mit eingewebten Metallfäden, alte Gobelins sowie speziell imprägnierte Gewebe (auf Bezügen allerdings selten).

Florstoffe (Plüsch, Velours) sind äußerst kritisch und deshalb vorsichtig und unter Vorbehalt zu behandeln! Das Aussehen verträgt weder Druck, Wärme noch Feuchtigkeit. Bereits vorhandene Druckstellen können nur zu zweit ausgebügelt beziehungsweise ausgedämpft werden. Dabei hält einer ein sauberes, feuchtes Tuch über den zu behandelnden Stoff; es darf nicht aufliegen. Die zweite Person gleitet mit einem mäßig warmen Bügeleisen über dieses Tuch, was nicht heruntergedrückt werden darf. Allein können Sie es auf diese Art mit einem Dampfbügeleisen, dabei allerdings ohne Tuch, versuchen. Der noch feuchte und warme Stoff muß danach glattliegend austrocknen und darf nicht berührt werden.

Grundregel für jede Fleckenentfernung: Vorsicht beim Umgang mit dem so beliebten Waschbenzin! Feuergefahr! Jedes Polster muß nach der Reinigung gründlich gelüftet und trockengerieben werden.

Aufmöbeln leicht gemacht

Behandlung von Holzoberflächen

Holz ist ein empfindliches Material, das deshalb sorgfältig gegen Feuchtigkeit, Insektenbefall, extreme Lichteinflüsse wie weitgehend gegen Kratzer und Beschmutzungen geschützt werden muß. Einen sicheren Schutz bietet nur eine sorgfältige Holzoberflächenbehandlung in Form von Imprägnieren (Schädlingsschutz), Lasieren, Lackieren in verschiedenen Arten, Beizen. Je nach Zusammensetzung des Schutz- oder Veredelungsmaterials wird die Holzoberfläche in seiner Struktur besonders betont oder vollkommen verändert. Ich stelle Ihnen die heutigen gebräuchlichen Holzoberflächenbehandlungsarten vor, damit Sie Ihre Möbel nach Bedarf und Geschmack schützen und aufmöbeln können. Es wird in mehreren Arbeitsgängen gearbeitet, je nach Art und Wunsch der Ausführung. Je sorgfältiger jede Phase ausgeführt wird, desto besser fallen der Schutz und das sichtbare Ergebnis des fertigen Möbels aus.

Wässern und Abseifen

So paradox es klingen mag, Wasser läßt Kratzer und tiefe Eindrücke »hochgehen«. Das Holz wird

50 Mit Holzseife und Wurzelbürste wird die Holzoberfläche abgeschrubbt.

Fläche für Fläche zügig mit einem nassen Schwamm, der vorher in warmes Wasser getaucht wurde, eingenäßt. Das überschüssige Wasser muß sofort mit einem zweiten, leicht feuchten Schwamm oder Fensterleder abgenommen werden. Beim Abseifen wird dem Wasser eine Holzseife (Hinweise des Herstellers beachten) in Pulverform beigefügt. Die warme Seifenlösung wird mit dem Schwamm oder Pinsel in das Holz eingerieben. Nach dem Einziehen wird die Oberfläche mit der Wurzelbürste abgeschrubbt und mit klarem Wasser nachgewaschen. Holzseife entfernt Schmutz- und Fettrückstände, Leim und alte Klebstoffreste. Nach beiden Methoden muß das Holz gut trocknen.

Abbeizen

Hinter manch häßlichem Kastenmöbel, durch alte abgeblätterte Farbe deformiert, verbirgt sich mitunter eine wunderbare Holztruhe. Und nicht selten entdeckt man beim Abbeizen eines alten Kleiderschrankes, daß sich unter der Lackschicht gesundes Eichenholz befindet.

Um die ursprüngliche Schönheit wieder ans Tageslicht zu bringen, müssen Sie das Möbel abbeizen! Das Abbeizen sollte immer in frischer Luft, jedoch nicht im direkten Sonnenlicht, oder in einem gut belüfteten Raum vorgenommen werden. Auch für Schutzkleidung und ausreichendes Abdeckmaterial ist vor dem Tätigwerden zu sorgen. Die abzubeizende Fläche sollte möglichst horizontal und plan liegen. Der Abbeizer, im Handel erhältlich, wird mit einem alten Pinsel oder mit dem Spachtel gleichmäßig satt aufgetragen. Die Einwirkungszeit richtet sich nach der chemischen Zusammensetzung der Lackschicht und kann bei Nitrolacken 5 bis 10 Minuten, bei säurehärtenden DD- oder Polyesterlacken jedoch unter Umständen mehrere Stunden dauern. Der erweichte Lackfilm wird mit dem Spachtel, bei Profilen und Schnitzereien mit einer weicheren Bronze- oder Messingbürste oder einer alten Zahnbürste abgeschoben beziehungsweise abgebürstet. Bei besonders dicken lackschichten muß die Prozedur wiederholt werden.

Anschließend wird das Holz mit klarem Wasser oder besser noch mit einer 24 %igen Holzseifenlösung ausgewaschen (siehe Seite 56). Grobporige Hölzer dürfen gründlich mit einer Nitroverdünnung gereinigt werden. Dazu gehört zum Beispiel das Eichen- und Eschenholz.

Kitten und Schleifen

Nach dem Trocknen, das bitte nicht auf einer Heizung geschehen soll, stehen die offenen Holzporen auf. Gleichzeitig lassen sich alle Unebenheiten und Risse wie Kratzer sehen und mit etwas Fingerspitzengefühl ertasten. Diese werden nun mit dem handelsüblichen Holzkitt, den es in vielen Farben und passend zu fast jeder Holzart zu kaufen gibt, mit dem Stechbeitel ausgebessert. Die Füllung sollte ein wenig über den Rand hinausragen. Der Kitt schrumpft beim Trocknen etwas zusammen.

Nehmen wir an, daß Sie mit der Hand schleifen. Grundsätzlich wird immer nur in Richtung der Holzmaserung geschliffen! Verwenden Sie den üblichen Korkschleifklotz. Er kann auch aus Filz,

51 Holzkitt, ein unentbehrlicher Ausbesserer.

festem Schaumgummi oder Holz bestehen. Für
runde Flächen und Profile wird ein Stück Gummi-
schlauch gute Dienste leisten.

Zum richtigen Gelingen gehört neues Schleifpapier, speziell für Holz, in den Körnungen 80
bis 100 ziemlich grob, 120 bis 150 ziemlich fein,
180 bis 280 sehr fein. Beginnen Sie je nach
Rauheit der Holzoberfläche mit dem 80er- oder
100er-Papier.

Schleifpapier niemals mit der Schere schneiden!
Die glatte Rückseite an eine Feinsäge legen und
ruckartig abreißen.

Danach schleifen Sie mit dem feineren und eventuell noch mit dem ganz feinen Schleifpapier nach,

59

bis sich die Holzoberfläche angenehm glatt anfaßt.
Schleifen Sie stets ohne Druck und so vorsichtig, daß Sie das Furnier nicht angreifen beziehungsweise »durchschleifen«. Zum Schluß wird die Fläche mit dem Handfeger entstaubt und die Poren gründlich ausgebürstet.
Eine kleine Ausnahme bildet das Schleifen mit der Maschine, dem Schwing- oder dem Vibrationsschleifer. Er lohnt sich allerdings meist nur bei den großen Flächen.

53 Holzbeizen gibt es gebrauchsfertig in vielen Farben.

60

Beizen

bedeutet das Einfärben eines Holzes, läßt aber weiterhin die Holzmaserung erkennen. Im Handel sind die gebrauchsfertigen, kratzfesten Beizen, aber auch noch die Pulverbeizen, die Sie mit Wasser ansetzen müssen, erhältlich. Ob Sie sich jetzt für die praktische, gebrauchsfertige oder für die Wasserbeize entscheiden, die Vorarbeit (siehe Seite 56) bleibt die gleiche.

Die kratzfeste Beize braucht nicht mehr mit Wasser verdünnt zu werden, es sei denn, Sie wollen einen schwächeren Farbton. Übrigens lassen sich alle Farbtöne noch untereinander mischen. Sie sollten doch auf jeden Fall vor der Aktion eine Probebeizung vornehmen! Bei jedem Holz fällt der gekaufte Farbton anders aus! Die Beize wird nach kräftigem Schütteln in eine alte Porzellanschüssel geschüttet und mit einem breiten Flachpinsel auf das Holz aufgetragen. Sofort müssen Sie die Flüssigkeit mit einer feinen Messingdrahtbürste in Holzfaserrichtung einbürsten, antrocknen lassen und die überschüssige Beize mit einem zweiten, leicht feuchten Flachpinsel abnehmen und den Rest in Holzfaserrichtung verteilen.

Nach völliger Trocknung wird die Fläche mit feinem Schleifpapier, etwa 220 er-Körnung, leicht übergeschliffen und entstaubt. Anschließend kann grundiert werden.

Bei den fertigen Beizen sind Farben im Handel, die den diversen Holzarten angepaßt sind, zusätzlich gibt es die Buntfarbenbeizen Gelb, Orange, Rot, Signalrot, Blau, Grün, Blaugrün, Schwarz sowie farblos. Mit farblos kann übrigens jede Buntbeize aufgehellt werden.

Die Pulverbeize muß in heißem Wasser aufgelöst werden. Verwenden Sie zum Umrühren keine Pinsel oder andere Hilfsmittel mit Metall! Stark eisenhaltiges Wasser ist für die Lösung nicht brauchbar! Denn Eisen in Verbindung mit Chemikalien hat schon manche Holzoberfläche verfärbt. Benutzen Sie als Beizgefäß eine flache Schale aus Steingut, Porzellan oder Kunststoff, in die Sie den breiten Pinsel oder Quast eintauchen. Das Streichprinzip: satt in Holzfaserrichtung einstreichen, sorgfältig verteilen, antrocknen lassen und den Flüssigkeitsüberschuß mit einem Schwamm entfernen. Den letzten Farbrest mit einem zweiten sauberen, leicht angefeuchteten Pinsel verteilen.

54 *Jeweils von unten nach oben beizen.*

Stehende Teile werden von unten nach oben behandelt. Ab und zu soll die Beize umgerührt werden. Hirnholz nimmt mehr Beize als Langholz auf, deshalb sollte es vorher mit Wasser angefeuchtet werden.

Beizreste können nicht mehr verwendet und dürfen keinesfalls in das Vorratsgefäß zurückgeschüttet werden.

Bei den Pulverbeizen ist zu beachten, daß das notwendige Wasser eventuell Verleimungen und Furniere lösen kann!

Zu dem Farbprobebeizen sollten Sie noch einen Festigkeitstest an einer möglichst wenig auffallenden Stelle vornehmen.

Nach dem völligen Trocknen – etwa 12 bis 24 Stunden – dürfen Sie die Oberflächenbehandlung fortsetzen, genau wie bei der Fertigbeize.

Grundieren

Jede Holzoberfläche, ob sie noch roh, imprägniert oder bereits gebeizt ist, muß vor einem farblosen Schutzüberzug (Mattierung oder Lasurlackierung) mit einem sogenannten Einlaßgrund, der Grundierung, versehen werden. Sie schließt die offenen Holzporen bis zu einer gewissen Tiefe und bildet somit das Fundament für den nachfolgenden Lacküberzug.

Die Grundierung, man wählt am besten eine Schnellschliffgrundierung, welche in etwa 10 Minuten trocknet, wird mit einem weichen, flachen Pinsel in Holzfaserrichtung dünn in zügiger Führung, Strich neben Strich, aufgetragen.

55 Ein Trikot-Stoff wird zusammengeballt.

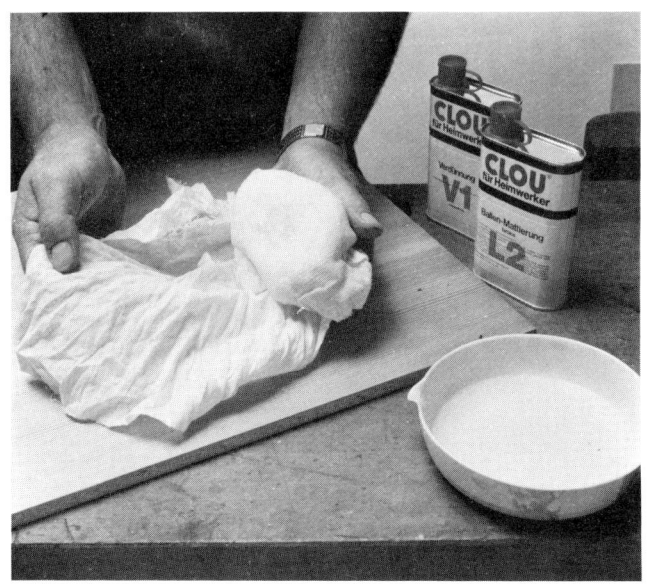

56 Die Ballen-Mattierung erfolgt in Holzmaserungsrichtung.

Es kann auch eine Spritzpistole verwendet werden, falls Sie schon ein geübter Heimwerker sind! Nach dem Trocknen empfiehlt es sich, zusätzlich solange zu warten, bis die Grundierung vollkommen erhärtet ist.

Anschließend wird die gesamte Fläche in Holzfaserrichtung mit Schleifklotz und feinem Schleifpapier (220er- bis 280er-Körnung) leicht und vorsichtig gleichmäßig übergeschliffen. Mehr Gefühl hat man mit einem Handballen aus besonders feiner Stahlwolle. Nach dem Schleifen muß die Fläche besonders sorgfältig ausgebürstet und abgestaubt werden.

Mattieren (mit dem Stoffballen)

Ein sauberes Stück Trikot wird handlich zusammengeballt und die äußere Lage stramm und faltenfrei um das Knäuel gezogen. Die Streichseite wird gleichmäßig mit farblosem Nitrolack eingefeuchtet, und zwar so, daß er bei leichtem Druck auf die Holzoberfläche gleichlaufend austreten kann. Streichen Sie Strich neben Strich und wie immer in Holzfaserrichtung.

Lackieren mit dem Pinsel

Hierbei wird die Mattierung einfach Strich neben Strich in der bekannten Richtung mit einem weichen Flachpinsel aufgetragen.
Der Handel bietet eine große Anzahl farbloser Holzschutzlacke an. Lack muß nicht immer hochglänzend ausfallen! Die mögliche Glanzskala reicht vom

glänzendsten Hochglanz bis zum dezenten Matt. Oft erzielt man jedoch mit einer Lackierung eine widerstandsfähigere Oberfläche als mit einer Mattierung. Die chemische Zusammensetzung ist entscheidend, inwieweit die Gebrauchsmöbeloberfläche gegen Kratzer und Feuchtigkeit einen Schutzpanzer bildet.

Lackieren mit der Spritzpistole

Das Lackieren von Flechtwerk, Schnitzereien, Profilen und großen Flächen ist mit Pinsel und Farbe oft sehr mühsam. Hier bietet die elektrische Spritzpistole dem Heimwerker große Arbeitserleichterung und Beschleunigung.
Bei den guten Geräten können Sie fast alle Arten von Lacken und Farben verwenden. Sie sollten sich

66

beim Einkauf der Farben sofort den entsprechenden Verdünner und das Reinigungsmittel dazu besorgen. Dabei sind die Angaben der Hersteller genau zu beachten!

Wo wird gespritzt?

Der ideale Arbeitsplatz ist ein heller, zug- und staubfreier Raum, der außerdem gut lüftbar sein muß! Alle in unmittelbarer Nachbarschaft stehenden Gegenstände sollen entweder entfernt oder mit Folie oder dickem Papier abgedeckt werden. Dazu muß der Untergrund, auf welchem das zu besprühende Teil steht, gut und ausreichend ausgelegt werden. Sollten Sie im Freien mit der Spritzpistole arbeiten, so ist ein windgeschütztes Plätz-

58 Auch farblose Lacke und Holzlasuren lassen sich mit der Spritzpistole aufsprühen. So werden auch die tiefsten Stellen im Schnitzwerk erreicht.

chen genau richtig. Für das Lackieren von fest-montierten Gegenständen ist es ratsam, wenn Sie sich einen windstillen Tag aussuchen und sich außerdem eventuell einen Windschutz bauen, sonst kann die feinzerstäubte Spritzflüssigkeit unerwünschte Farbnebel auf Rasen und Sträuchern hinterlassen.

Wie wird spritzlackiert?

Vor dem Spritzen muß die Fläche wie beim Pinsel-»Streichen« trocken, fett-, rost- sowie staubfrei sein!

Gute Spritzgeräte sind mit auswechselbaren Düsen (Flach- und Rundstrahldüsen, verstellbar) ausgestattet.

Außerdem gibt es biegsame Düsenverlängerungen, mit denen Sie auch mühelos den kleinsten Winkel lackieren können. Fast alle Farben können in der Form, wie sie im Handel erhältlich sind, nicht unverdünnt in der Spritzpistole verwendet werden. Die Angaben der Hersteller und des Fachmanns geben Ihnen Auskunft über Mischungsverhältnisse und Verdünnungsart. Es gibt auch Lacke, welche unverdünnt gespritzt werden können. Auf alle Fälle sollten Sie ein »Probespritzen« vornehmen!

Wichtig ist die richtige Handhaltung. Die Spritzpistole soll nicht krampfhaft festgehalten, sondern locker, gleichmäßig und immer im selben Abstand zur Spritzfläche geführt werden. Das Anfangen und das Beenden des Spritzvorganges außerhalb der Spritzfläche garantiert Ihnen keine Ansatzstellen!

Größere Flächen im Kreuzgang spritzen! Sie beginnen zuerst mit horizontalen Spritzbewegungen von links nach rechts, anschließend mit vertikalen Spritzbewegungen von oben nach unten und von unten nach oben.

Bei horizontal zu bespritzenden Flächen beginnen Sie immer an der Stelle zuerst, die Ihnen am nächsten liegt. Bei senkrechten Flächen fangen Sie oben an. Hölzer sollten mit farblosem Lack oder Lasuren immer in Holzmaserungs-Richtung gespritzt werden. Große Flächen, die senkrecht stehen, besprühen Sie aus einer größeren Entfernung vor der Decklackierung zuerst mit einem Hauch von Lack. Bevor dieser ganz angetrocknet ist, gehen Sie auf den normalen Abstand von 25 cm bis 35 cm vor und spritzen den deckenden Lack von oben nach unten auf. So vermeiden Sie die lästigen und häßlichen »Nasen«.

Der günstigste Spritzwinkel zum Objekt beträgt 90 Grad. Auch beim Sprühen heißt die Regel: Besser zweimal dünn als einmal zu dick aufgetragen!

Und wenn Sie Ihre elektrische Spritzpistole nach jedem Gebrauch gründlich reinigen, so werden Sie auch an die nächste Spritzerei mit Freude herangehen!

Polieren

Das ist die »glänzendste« Oberflächenbehandlung und für den Heimwerker sehr mühselig. Ich bin der Meinung, daß er auf die althergebrachte Art verzichten kann. Vorhandene polierte Flächen, die aufgefrischt werden müssen, lassen sich einfach mit Hochglanzpolish aus der Flasche aufmöbeln.

Die Politur wird nach dem Durchschütteln auf einem Trikotballen gleichmäßig verteilt. Mit kreisenden Bewegungen und leichtem Druck wird die Möbelfläche auf Hochglanz gebracht. Anschließend mit einem flusenfreien Tuch nachpolieren.

Lasieren

Den transparenten, wasser- und kratzfesten Über-
zug dürfen Sie als Auffrischer oder letzte Oberflächenbehandlung nach der Grundierung anwenden.
Es gibt diese Lasurlacke in vielen Holztönen.
Außerdem bietet ein Hersteller die sogenannte All-
zwecklasur in acht Holzfarben und in fünf Bunt-
tönen an. Dieses Produkt darf auch ohne Grundierung auf das rohe Holz, das natürlich geputzt
sein muß, aufgetragen werden. Außerdem dient es
zur Auffrischung von alten, überholungsbedürfti-
gen mattierten und lackierten Holzflächen. Sie können bis zu drei Aufträgen, dazwischen über zwölf
Stunden trocknen lassen, jede kleine oder große
Fläche aufmöbeln.
Wichtig! Beachten Sie vor der Verarbeitung stets
die Hinweise und Informationen der jeweiligen Hersteller!
Im einschlägigen Handel sind außerdem viele »Auffrischer« auch in Sprayform für Holzmöbel und
passend für die einzelnen gebräuchlichen Holzarten erhältlich.
Wachsstangen und Retuschierstifte, ebenfalls in
vielen Farben, passend zu den diversen Holzarten,

*59 Diese transparente Allzweck-
lasur darf auch ohne Grundierung verwendet werden (links).*

*60 Retuschierstifte helfen, kleine
Oberflächenschäden abzudecken
(rechts).*

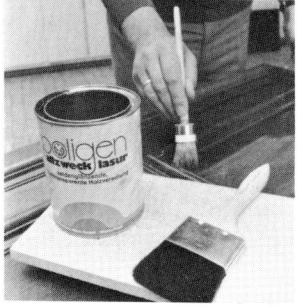
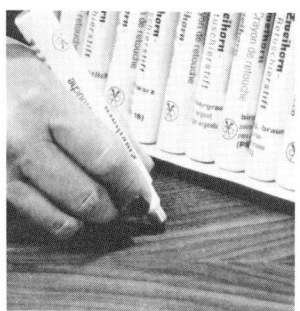

70

helfen Fehler im Holz, Unebenheiten und Schäden ausbessern.
Nach der fertigen Oberflächenbehandlung sollten Sie die alten, abgeschraubten oder demontierten Beschläge bei Bedarf durch neue ersetzen.

Lackieren (deckend farbig)

Außer dem transparenten Schutzüberzug kann jedes Möbel nach dem Schleifen beziehungsweise »Putzen« farbig deckend mit dem Pinsel, mit der Spraydose oder mit der Spritzpistole lackiert werden. Alte Anstriche werden mit einer Salmiakgeist-Wasser-Mischung einmal abgewaschen und mit 180er-Schleifpapier geschliffen und abgestaubt. Danach kann sofort lackiert werden.
Falls Sie den gesamten alten Anstrich entfernen wollen, so lesen Sie bitte das Kapitel über *Abbeizen*.
Ansonsten wird das Lackieren einem Heimwerker schon so geläufig sein, daß sich weitere Arbeitsanleitungen erübrigen.

Holzschutz gegen Schädlinge

Nach dem Entfernen von alten Anstrichen können Sie nun eventuell vorhandenen Holzschädlingen wirksam zu Leibe rücken oder vorbeugende Maßnahmen treffen.
Der Holzwurmbefall, der sich durch kleine, kreisrunde Löcher und ausgeworfenes Bohrmehl bemerkbar macht, ist mit »Holzwurm-Tod«, auch in Spraydosen erhältlich, schnell vernichtet. Für

helle Hölzer und Kunstgegenstände verwenden Sie bitte eine spezielle helle Kombination, sonst besteht Gefahr, daß sich das Holz unerwünscht dunkel färbt.

Bei kleinen wurmbefallenen Flächen sollten Sie die Löcher einzeln mit dem Vernichtungsmittel füllen und anschließend mit Wachs oder Kitt schließen. Größere befallene Teile können besprüht, bepinselt oder etwa jedes fünfte Loch »vergiftet« werden. Dabei müssen alle anderen Löcher vorher wieder mit Wachs oder Kitt geschlossen und das jeweils gefüllte direkt nach der Bearbeitung abgedichtet werden. Nur so kann das Vernichtungsmittel in den Holzwurmgängen richtig wirken. Zusätzlich dürfen Sie das Möbelstück in eine Plastikhülle packen – es gibt sowieso einen strengen Geruch ab –, in der Sie es etwa zwei Wochen an einem luftigen Ort stehenlassen. Danach dürfte der Holzwurm vernichtet sein, und Sie können nach gründlichem Abwischen eines eventuellen Belages mit der Oberflächenveredelung beginnen.

Der Handel führt weitere Holzschutzmittel, die nicht nur gegen den Holzwurm, sondern auch bei Hausbock-, Pilz- und Schwammbefall wirksam eingreifen. Ebenso gibt es gegen Neubefall Kombinations-Schutzmittel mit Imprägniergrund und Bläuesperre.

Flecken- und Schadstellenentfernung von Hölzern

Tiefe Kratzer und Eindrücke

In massiven Hölzern, besonders in weichen Nadel-
hölzern, kommen diese Schadstellen öfter vor.
Legen Sie ein feuchtes Baumwolltuch auf die
schadhafte Stelle, das Bügeleisen bei Regulie-
rungsmöglichkeit auf »Wolle« stellen und vorsichtig so lange ausdämpfen, bis das Holz »hoch-
kommt«. Bei furnierten Platten sollten Sie äußerst
sorgsam vorgehen. Dasselbe gilt für bereits fertig
behandelte Oberflächen.

Fett- und Ölflecken

Tierische Fette können Sie am besten mit Leicht-
benzin, mittelfeine Stahlwolle darin eintauchen und
ausdrücken, zu entfernen versuchen. Vorsicht,
Feuergefahr! Pflanzliche Fette mit einigen Tropfen
Aceton abreiben. Alle Schleifstellen sofort mit
einem flusenfreien Lappen trockenwischen. Diese
Behandlung ist allerdings nur möglich, wenn die
Oberflächenbehandlung noch folgen oder sowieso
erneuert werden soll.

Weiße Flecken und Ringe sowie Grauschleier

Mit dem Sprühmittel »Grauweg«, im Handel erhältlich, sind diese Schäden im Nu beseitigt. Ebenso gilt diese Anwendungsart für die Entfernung von Wasser-, Alkohol- und Bügeleisenflecken. Die Anwendungsvorschriften des Herstellers sind dabei genau zu beachten und einzuhalten. Nach völliger Trocknung muß die Fläche mattiert oder lackiert werden.
Da manche Lacke, in die sich Schönheitsfehler eingeschlichen haben, unlöslich sind, sollten Sie an einer weniger sichtbaren Stelle erst einen Versuch machen. Dieser Rat gilt übrigens für alle Zweifelsfälle.
Alte Schellackpolituren werden mit einem in 96 %igen Alkohol getauchten, flusenfreien weichen Lappen abgerieben. Die behandelten Stellen müssen wieder gut trocknen und mit einem passenden Holzöl aufpoliert werden.

Verbrannte Stellen

Bei einer massiven Platte wird die versengte oder verbrannte Stelle solange mit einem scharfen Messer schichtweise abgekratzt, bis die erste unbeschädigte Holzschicht zu sehen ist. Die Kratzstelle wird mit feinem Schleifpapier oder Stahlwolle glattgeschliffen und abgestaubt. Das nun entstandene Loch wird mit dem passenden Holzkitt ausgespachtelt. Dazu verwenden Sie bitte ein Stecheisen, auch Stechbeitel genannt. Der Holzkitt darf nicht mit den Fingern berührt werden, sonst haftet er nicht! Nach dem Trocknen wird der restliche überstehende Holzkitt so abgeschliffen, daß die Oberfläche eben ist. Zum Schluß wird die Schadstelle, jetzt kaum noch sichtbar, mit der entsprechenden Oberflächenbehandlung beigearbeitet. Angeschliffene Randstellen müssen ebenfalls erneut geschützt werden.

Bei tiefen Brandlöchern in furnierten Platten sollte dieselbe Methode wie beim folgenden Reparaturvorschlag angewendet werden.

Abgelöste und verbrannte Furniere

Vorweg: Furniere sind hauchdünne Holzblätter (in der Regel 0,5 mm bis 1,0 mm dünn), welche auf Span- oder Tischlerplatten geleimt werden. Da jeder Baum anders wächst, ist ein beschädigtes oder fehlendes Furnier praktisch nie zu ersetzen. Aus diesem Grund muß eine Furniertransplantation vom selben Möbelstück vorgenommen werden, damit die Flickstelle so wenig wie möglich auffällt. Zeichnen Sie sich auf Transparentpapier die Umrisse der zu reparierenden Stelle gradlinig auf. Diese Schablone legen Sie auf ein nicht oder kaum sichtbares furniertes Teil. Mit einem Furniermesser, der Rasierklinge oder einem Universalmesser schneiden Sie entlang einer harten Schiene das Ersatzfurnier aus. Je sauberer die Schnittkante, desto weniger wird die Schadstelle sichtbar bleiben. Das neue Furnierstück wird auf die auszubessernde Fläche gelegt und rundherum angezeichnet. Verwenden Sie dazu einen weichen spitzen Bleistift.

Anschließend wird diese Linie entlang der Schiene scharfkantig und sauber eingeschnitten. Stechen Sie das alte Furnier Stück für Stück mit einem scharfen Stechbeitel heraus. Dabei sollten die Span- oder Tischlerplatte sowie die Kanten des angrenzenden Furniers nicht beschädigt werden. Anschließend folgt das schwierige Entfernen der Leimreste. Dabei kann es vorkommen, daß sich hier und da ein Holzspänchen mitlöst, was nicht so tragisch ist. Die ausgestochene Stelle wird saubergekratzt, eventuell leicht mit Schleifpapier – um eine Schraubendreherspitze gewickelt – ausgeschliffen und entstaubt. Diese ebene Fläche und die Unterseite des Ersatzfurniers werden dünn mit Kompaktkleber eingestrichen. Lassen Sie beide Flächen etwa 6 bis 15 Minuten trocknen (Herstellerhinweise beachten) und legen Sie danach das Furnier ein. Kurz andrücken, und die Reparatur ist geglückt! Die furnierte Stelle wird etwas über den angrenzenden Raum hinaus geschliffen, entstaubt, und mit der passenden Oberflächenbehandlung kann begonnen werden.

Löcher und kleine Risse

Kleine Löcher und Risse lassen sich mit handelsüblichem Holzkitt, den es in vielen Farben gibt, einfach schließen. Die auszukittenden Stellen sollen vor dem Ausbessern leicht mit Nitroverdünnung abgetupft werden. Jede Schadstelle muß vor dem Auskitten sauber und trocken sein. Nach dem Trocknen beischleifen und grundieren.

Tips zum Aufarbeiten alter Möbel

Nachgedunkeltes Holz läßt sich mit einer Mischung aus Salmiakgeist und Wasserstoffsuperoxyd 50:50 aufhellen!

Das Bleichmittel wird mit einem sauberen Pinsel (ohne Metallring!) aufgestrichen und nach kurzer Einwirkungszeit mit einem nichtflusenden Leinenlappen abgewischt. Schutzhandschuhe anziehen! Nach dem Trocknen, der Raum soll gut belüftet sein, kann mit der weiteren Oberflächenbehandlung begonnen werden.

Bei Verwendung aller Chemikalien haben aus Sicherheitsgründen Kinder und Haustiere in Ihrer Nähe nichts zu suchen! Bewahren Sie auch alle Gegenstände und Materialien an einem sicheren, luftigen Ort auf! Abgebeizte Farbe wird in alten Dosen abgestrichen, die *verschlossen* in den Müll geworfen werden.

Auf die frisch behandelte Oberfläche gefallene Haare und Staubflocken können Sie am besten mit einem feinen Haarpinsel entfernen, ohne daß die Oberfläche beschädigt wird. Befeuchten Sie die feine Pinselspitze und tupfen Sie den Flusen mit ruhiger Hand an. Er bleibt am Pinsel haften.

Angebrochene Lackdosen stellt man auf den Kopf. Drehen Sie sie um, bei Gebrauch finden Sie keine häßlich »Haut« auf der Lackoberfläche vor.

Dick gewordene Farbe und Farbe mit »Haut« filtern Sie durch einen alten Nylon- oder sonstigen hauchdünnen Kunstfaserstrumpf in ein neues verschließbares Gefäß.

Ein guter Heimwerker reinigt nach Gebrauch alle Geräte und besonders die Pinsel mit dem entsprechenden Lösungsmittel. Angebrochene Dosen gut verschließen! Nur so hat er beim nächsten Arbeitsgang noch Freude an der Sache.

Versilbern, Vergolden und Verzinnen

Alter Stuhl mit neuem Glanz!

61 Omas Eßzimmer-Stuhl, ein Prachtexemplar mit vielen Schnitzereien, soll vergoldet werden und einen neuen Polstersitz bekommen!

Verschnörkelte Stühle, noch vor Jahren als »Staubfänger« achtlos auf den Boden oder in den Sperrmüll verbannt, erfreuen sich immer größerer Beliebtheit und sind mittlerweile zu gesuchten Raritäten geworden.

Solch ein kostbares Sitzmöbel läßt sich mit wenig Aufwand zu einem dekorativen Möbelstück vergolden!

Unser Erbstück, aus Nadelholz gebaut, stammt aus Süddeutschland und ist wegen seiner besonders schönen Schnitzereien und Drechslerarbeiten für das Vergolden bestens geeignet.

Ursprünglich hatte die Sitzfläche das gleiche Peddigrohr-Schienengeflecht wie das noch erhaltene in der Rückenlehne. Irgendein Vorbesitzer muß es herausgerissen und durch die Sperrholzplatte ersetzt haben. Reste des zerbröckelten Schaumgummibelages lagen noch auf der Sperrholzplatte, der Bezugsstoff war abgerissen.

62 Hier ist wirklich alles Gold, was glänzt, der fertige Stuhl, ein Prunkstück für jede Wohnung!

63 und 64 Sie benötigen: Stahl-wolle, Schleifklotz mit Schleif-papier, Schutzhandschuhe, Abbei-zer, Holzkitt mit Stechbeitel, Drahtbürste, Pinsel mit Pinselreini-ger, Farben und einen weichen flusenfreien Lappen, Sprühfilm, Sprühkleber für Schaumstoff, Heftpistole, außerdem eine Sche-re, Zollstock und ein scharfes glattklingiges Messer zum Schaumstoffschneiden.

80

Und so können Sie auch Ihren Stuhl vergolden und notfalls mit einem neuen Polstersitz ausstatten:

Die alte Lackoberfläche wird mit grober und dann mit feiner Stahlwolle von den Schnitzereien und runden Stollen entfernt. Die glatten Flächen lassen sich mit Hilfe des Schleifklotzes und grobem und feinem Schleifpapier bearbeiten. Der Staub und die feinen Stahlspäne werden abgebürstet, eventuelle Holzwurmlöcher mit dem Vernichtungsmittel (siehe Seite 71) eingetränkt und alle Löcher sowie kleine Schadstellen mit Holzkitt geschlossen und ausgebessert. Diese Kittstellen sollen nach dem Trocknen gründlich glattgeschliffen und abgestaubt werden.

Falls Sie bei Ihrem Möbel eine besonders hartnäckige und schlecht abzuschleifende Lackoberfläche vorfinden, können Sie es mit dem Abbeizer (siehe Abbeizen Seite 57) versuchen. Wir benötigten den Abbeizer nur für das Entfernen von Lackresten auf dem stark vergilbten Peddigrohrgeflecht. Beim Abbeizen sollten Sie unbedingt Schutzhandschuhe anziehen! Mit der Drahtbürste

65 Lackreste lassen sich von runden Stollen und Profilen mit einem Ballen Stahlwolle abreiben (links)!

66 Besser zweimal dünn als einmal zu dick soll die Grundierungsfarbe aufgepinselt werden (rechts)!

lassen sich in Vertiefungen und Rillen sitzende Lackreste recht gut entfernen.

Nun geht's ans Vergolden!

Zuerst wird die Grundierungsfarbe – wir nahmen Lukascryl-Studio Vandyckbraun imit. 4112 – mit Wasser so verdünnt, daß sie sich fließend aufstreichen läßt. Meistens reicht ein einmaliger Anstrich. Aber auch hier ist es besser, zweimal dünn als einmal zu dick aufzustreichen.

Nach dem Trocknen geben Sie etwas aus der Tube Lukas-Wisch-Metall Gold Nr. 5212 auf einen weichen flusenfreien Lappen. Die Paste reiben Sie auf einem Karton kurz an, und dann wischen Sie den mit Gold bepasteten Stoffballen dünn über die Grundierungsfarbe. Dabei werden Sie hier und da kleinere Vertiefungen nicht erreichen und somit erhabene Schnitzereien besonders stark vergolden. Aber das ist auch der Sinn des Wischmetalls, die stehenbleibende Grundierungsfarbe gibt den gewünschten Effekt, wie sie bei echten antiken Möbeln als Patina bewundert wird. Das Wischmetall dunkelt nicht nach und trocknet wasserfest auf. Gebrauchsgegenstände wie dieser Stuhl sollten nach dem völligen Trocknen des Wischmetalls mit dem Sprühfilm (Glanz zum Firnissen und Lackieren) zum doppelten Schutz überzogen werden.

Natürlich können Sie solch einen Stuhl auch versilbern oder andere Gegenstände aus Holz, Glas und Metall mit Wischmetall verkupfern. Es ist immer das gleiche Prinzip, nur daß Sie jeweils eine andere Grundierungsfarbe vor dem Wischmetall aufstreichen müssen.

67 Mit dem weichen flusenfreien Stoffballen wird das Wischmetall dünn aufgerieben.

Gleichmäßige Wischmetallauftragung läßt sich durch Verdünnen mit Wasser und Pinselstrich erzielen.

Nun wird das Peddigrohr neu lackiert!

Das noch gut erhaltene Rohrgeflecht kann mit einer passenden Acrylfarbe gestrichen werden. Die 24 Farben sind wasserverdünnbar und untereinander mischbar.

Zum Schluß wird gepolstert.

Bei unserem Stuhl konnte die eingelegte Sperrholzplatte noch verwendet werden. Wir klebten neuen Schaumstoff auf und bezogen ihn mit Nessel und einem strapazierfähigen Dralon-Velour, der auf der Sperrholzunterseite mit der Heftpistole angetackert wurde. Ebenso können Sie alte, bereits gepolsterte Stuhlsitze neu beziehen!

Der Polstersitz wird auf oder wie bei uns in den Rahmen des Stuhlsitzes gelegt und von der Unterseite durch Schrauben mit dem Stuhlgestell verbunden.

Vor Ihnen steht der fertige, ein wirklich fürstlicher Stuhl, der bestimmt einen Ehrenplatz bekommt!

68 Das aufgefrischte Peddigrohr wird mit Acrylfarbe passend zum Stuhlsitz-Bezug gestrichen.

Die salonfähige Werkbank

Nicht jeder ist in der glücklichen Lage, einen separaten Hobbyraum mit einer Werk- oder Hobelbank zu besitzen. Oft muß jedoch ein Werkstück, zum Beispiel diese Tischplatte, zum Bearbeiten »eingespannt« werden. Für diese Fälle steht »Workmate« zur Stelle.

Die zusammenklappbare, leichte und tragbare Werkbank ist zugleich Riesenschraubstock, Säge-

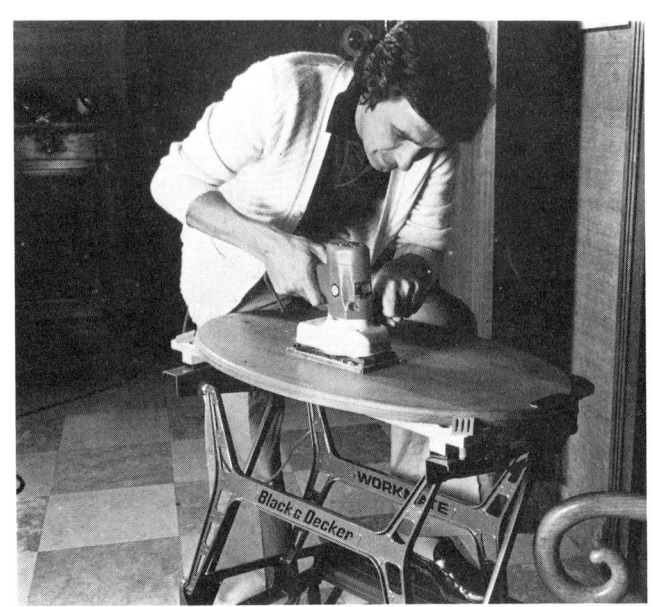

bock und Hobelbank. Zusammengeklappt mißt der
unentbehrliche Helfer: 20 cm × 74 cm × 74 cm
und paßt so in nahezu jeden Abstellraum.

Auf dieser stabilen und feststehenden Werkbank
ist das Schleifen mit der Maschine möglich. Glatte große Flächen sind mit dem Vibrationsschleif-
gerät (hier als Zusatzteil) im Nu geschliffen. Praktisch ist damit auch das Abschleifen alter Anstriche möglich, wobei anstelle von Schleifpapier
ein Gitterleinen verwendet wird.

Stichwortregister

Bildnachweis   Titelbild und Bilder 1 bis 3, 8, 9, 25, 26, 28 bis 42, 45 bis 48 Armin Brocke, 5657 Haan; Bilder 11, 12 Bayer-Textilfaser (Studio Schuster), 5090 Leverkusen; Bilder 14, 15 bis 24 Hans Schiedhering KG, 5450 Neuwied; Bild 49 Thompson Siegel GmbH, 4000 Düsseldorf; Bilder 50, 51, 59, 60 Zweihorn-Werke GmbH, 4030 Hilden; Bilder 52 bis 57 Alfred Clouth, 6050 Offenbach; Bild 58 J. Wagner, 7990 Friedrichshafen; Bilder 61 bis 68 Lukas Künstlerfarben- und Maltuchfabrik, 4000 Düsseldorf; Bild 69 Black & Decker, 6270 Idstein.

Alle übrigen Abbildungen stammen von der Verfasserin.

Bezugsquellennachweis   Bild 11 Bezugsstoffe aus Bayer-Textilfaser; Bild 12 Bordüre: Quambusch & Meyri; Sitz- und Rückenkissenbezug: Sauermilch; Gardine: Berga (alle Produkte sind aus Bayer-Textilfaser); Bilder 14, 15 bis 24 Polsterelemente: Hans Schiedhering KG, Im Schützengrund 1, 5450 Neuwied; Bilder 25 bis 34 Polstergestell mit angegebenen Materialien: Atelier Armin Brocke, Immermannstr. 2, 4000 Düsseldorf; Bild 49 Sapur: Thompson-Siegel GmbH; Bilder 50, 51, 59, 60 Zweihorn-Werke GmbH; Bilder 52 bis 57 »Clou«: Alfred Clouth; Bilder 61 bis 68 Lukas-Wischmetall: Lukas Künstlerfarben- und Maltuchfabrik; Bild 69 »Workmate«: Black & Decker.